孙汉洲 著

孔子教你做老师

孔子教你做老师

江蘇教育出版社
JIANGSU EDUCATION PUBLISHING HOUSE

图书在版编目（CIP）数据

孔子教你做老师 / 孙汉洲著. -- 南京 ：江苏教育出版社，2012.8
ISBN 978-7-5499-2263-5

Ⅰ. ①孔… Ⅱ. ①孙… Ⅲ. ①孔丘教育思想—研究 Ⅳ. ①G40-092.25

中国版本图书馆CIP数据核字（2012）第196116号

书　　名 孔子教你做老师
作　　者 孙汉洲
责任编辑 夏　焰
出版发行 凤凰出版传媒股份有限公司
江苏教育出版社（南京市湖南路1号A楼　邮编210009）
苏教网址 http：//www.1088.com.cn
照　　排 南京星光测绘科技有限公司
印　　刷 核工业南京华宁彩色印刷厂（电话025-83347217）
厂　　址 南京市察哈尔路16号（邮编210003）
开　　本 787毫米×1092毫米　1/16
印　　张 13.25
插　　页 1
版　　次 2013年6月第2版　2013年6月第1次印刷
书　　号 ISBN 978-7-5499-2263-5
定　　价 33.00元
邮购电话 025-85406265,85400774 短信 02585420909
E - mail jsep@vip.163.com
盗版举报 025-83658579

序

“老师”一词，最早见于《史记·荀卿列传》：“齐襄王时，荀卿最为老师。”当时，人们只习惯称教师为“师”，这里的“老师”是“资格最老之师”的意思。“老师”之称的流行，当为明清时代：应试士子们称主考官为老师，生员称府学、县学的教谕、训导为老师。至于通称教师为老师，则是现代的事了。而非教师行业中尊称别人为老师，更是当代的事了。

“老师”这个词，与“孔子”关联度特别高。

孔子向来被奉为“至圣先师”、“万世师表”，确实是中国古代最伟大的老师！他开私人办学之先河，把教育从官府带到民间；他积极从事教育实践数十载，潜心进行教育理论的探究，提出了许多具有创新意义的理论，至今仍然具有指导意义。

例如：他创立的启发式与讨论式教学法，已成为教育界的圭臬。《中共中央、国务院关于深化教育改革，全面推行素质教育的决定》中指出：“智育工作要转变教育观念，改革人才培养模式，积极实行启发式和讨论式教学……”作为一个教育家提出的教育原则被写进党和国家的文件，古今中外能有几人？再说：1965 年，在巴黎举行的联合国教科文组织成人教育会议上，法国教育家保罗·朗格朗以“终身教育”为题作报告，从而引发了“终身教育”的现代教育思潮。因此，不少人误以为终身教育思想发源于保罗·朗格朗。其实，终身教育思想，发轫于孔子。孔子曾经谈及人生的各个阶段，从年幼到古稀，都要不断地自我学习，自我教育，身心不断臻于新的境界。这其中正蕴含着终身教育的思想。日本人持田荣一在《终身教育大全》中就郑重宣称：“孔子为东方发现和论述终身教育必要性的先驱者。”

总之，孔子的教育思想是我国重要的教育文化遗产，我们应该认真继承、发展，以促进教育改革向纵深发展。

“好雨知时节，当春乃发生。”知名中学教授级高级教师、特级教师孙汉洲先生的专著《孔子教你做老师》的问世，给我们提供了一部学习、研究和发展孔子教育思想的好教材。这本书作为国内第一本从教师素质角度系统审视孔子的专著，弥足珍贵。

浏览全书，深感本书有以下两大特点。

一、古为今用，联系实际

孔子“祖述尧舜，宪章文武”，是夏、商、周三代文化的集大成者。作者在力求把握孔子思想精髓，忠实孔子思想原貌，避免“戏说”之嫌的同时，特别注重创新，打破传统的注解《论语》的模式，走出“代圣人立言”的窠臼，以现代教育视角审视孔子的教育思想，寻求孔子教育思想与现代教育的契合点，使孔子的教育思想焕发出青春的活力，呈现出“鲜活的面容”。

二、学术性与通俗性兼顾

从如何做好老师的角度研究孔子，这本身就是一项学术性很强的工作，没有深厚的孔学修养和丰富的教育实践经验是难以胜任的。作者从事教学、教育管理三十载，研究孔子有年，穷古究今，厚积薄发；一旦形诸文字，其真知灼见，便发人深省。

作者在不影响学术性的基础上，注重通俗性。作者采用随笔形式，摆脱“凡人难懂的书斋理论，玄奥思辨的高头讲章”(李泽厚《〈论语〉今读》)式的孔学著作的传统，把孔子从圣坛请到人间。行文或铺陈叙事，旁征博引，谈古论今，开合自如；或雕龙饰凤，探幽发微，娓娓道来；使读者如味膏粱，如饮醇酒。

另外，值得一提的是，本书下篇以孔子自己的口吻为孔子辩白，正本清源，能使读者消除对孔子的诸多误解。其中部分内容，曾在《中国教育报》、《新华日报》等报刊上发表，赢得了学界好评。

记得 1988 年 1 月，全世界诺贝尔奖获得者聚会巴黎，向全世界庄严宣告：“如果人类要在二十一世纪生存下去，必须回首两千五百年前，去汲取孔子的智慧。”我们今天不妨说：“如果要想做好一个老师的话，也必须回首两千五百年前，去汲取孔子的智慧。”

百闻不如一见，这里不再赘言，还是让读者们自己去阅读品味吧。

是为序。

沈健

(作者系江苏省教育厅厅长、教授、博士生导师)

目　录

上篇　走近孔子——探讨为师之道

下篇　正本清源——且听夫子辩白

上　篇

走近孔子

——探讨为师之道

拥有一个潇洒人生

“潇洒”这个词,在传统意识中仿佛与教师无缘。教师给人的印象,仿佛老是板着面孔,不苟言笑,办事刻板,死守教条。其实,这是一种误解。古今教师中不乏潇洒的人。教师也应拥有一个潇洒人生。

孔子就是一个潇洒的人!

一个人要想拥有潇洒的人生,首先得学会幽默。孔子生性幽默,语言、举止充溢着幽默的光辉。

一次,他带领学生游历到武城,当县令的学生子游倾力接待他。在观光的途中,孔子听到了弹琴唱歌声。孔子莞尔笑道:“割鸡焉用牛刀?”言下之意是:“治理这个小地方,哪里用得着礼乐教化呢?”子游听了大惑不解:“老师,我曾经听您讲,‘君子学习道理就会爱别人,小人学习道理也会易于使唤’。怎能说用礼乐教化这些小民是割鸡而用牛刀呢?”

孔子听了,哈哈大笑:“弟子们记住,子游说得正确啊,我刚才说的只不过是开个玩笑罢了。”

当时没有现代化的交通工具,孔子带领学生周游列国,能坐上笨重的牛车就算不错了,更多的时候是徒步;这还不算,有时甚至要饿肚子。试想，这时候士气是够低落的了。在这种情况下，由老师出面开个玩笑，不是既可以提高学生的情绪，又可以消除旅途的劳顿吗？

孔子的幽默不仅表现在语言上，也表现在行动上。阳货一心想结交孔子以提高自己的身份，而孔子鄙薄其为人，拒之于千里之外。阳货苦思冥想，心生一计，主动拜访孔子，并送上一头小猪作礼物。礼尚往来，阳货送完礼后便坐等孔子登门回访。孔子明知是计，但又不好不回访。不过，他也心生一计：派人打听好阳货不在家时而前去拜访。孔子这样做，是为了既不失礼，又避免与阳货交谈的尴尬。

幽默是智慧的结晶，是人际关系的润滑剂，也是个人心灵的调适剂。孔子言行的幽默为其后学们继承。许多名师与孔子一样，把幽默引进了日常生活或教育活动。

东汉大儒边孝先，在幽默方面堪称孔子后学中的佼佼者。他身体肥胖，好打瞌睡。一次，他给学生讲完功课后，就打起盹来。学生们调皮，便编了几句顺口溜偷偷传诵：

边孝先，
腹便便。
懒谈书，
但欲眠。

边孝先听了以后，不仅不生气，反而面带笑容，起身踱步，边走边吟道：

边为姓，
孝为字。
腹便便，
五经笥。
但欲眠，
思经事。
寐与周公通梦，
静与孔子同意。
师而可嘲，
出何典记？

边孝先语惊四座，学生们既佩服老师的口才，又为自己不尊敬老师的行为而感到惭愧。本来，边孝先可以板起面孔把学生训斥一顿，可是师生关系可能因此变得紧张，不利于教育教学活动的展开。边孝先善意地运用幽默的武器"以牙还牙"，以大智大慧"化干戈为玉帛"，有利于师生关系向和谐方向发展。

"她"字的创造者刘半农早在上世纪二十年代曾写过一首诗，内容为：

天上飘着些微云，
地上吹着些微风，
啊！微风吹动了我头发，
教我如何不想她？

月光恋爱着海洋，

海洋恋爱着月光。
啊！这般蜜也似的银夜，
教我如何不想她？

枯树在冷风里摇，
野火在暮色中烧。
啊！西天还有些残霞，
教我如何不想她？

这首诗是一首比喻诗。据当时与刘半农一起在欧洲留学的同学赵元任说："诗中的'她'，代表赵元任和刘半农在海外日夜思念的祖国。"可是，这一历史真相，却很少有人知道。这首诗后来被谱上曲，当作单纯的情歌而广为传唱。刘半农也被认为是一个"多情公子"。

有一次，刘半农到北平女师大演讲，前排女生窃窃私语："怎么会是一个老头子！《教我如何不想她》的作者，理应是一位风度翩翩的俊男，现在未免令人失望。"刘半农听得明白，但不仅没有生气，反而吟诗自嘲云：

教我如何不想她，
可否相与吃杯茶？
原来如此一老叟，
教我如何再想他？

鲁迅先生是一员反孔的大将。然而，他的许多主张乃至言论举止仍与孔子不谋而合。他行动上的幽默色彩似乎比孔子更高一筹：

鲁迅先生是一个行动幽默大师。一次，他到理发店理发。理发师看他其貌不扬，衣着普通，于是理起发来便马马虎虎。理发完毕，鲁迅随手从腰包掏了一把钱扔给了理发师，理发师一看付的钱远远超出理发的价格，惊喜之余，又有几分尴尬，深为自己不负责任的行为而歉疚。时间不长，鲁迅又来理发。理发师这次一反常态，殷勤服务。理发完毕，鲁迅严格按照理发价格付钱。理发师接过钱，眼里充满了困惑。鲁迅洞察秋毫，便说："上次，你理发随随便便，我给钱也就随随便便。这次你理发十分认真，我付钱也自然较真。"理发师听了，啼笑皆非。

还有一次，书商约鲁迅写了一本书，书稿写成后，却声明标点符号不算文字，不付稿费。鲁迅听完没表示异议。不过，他把书稿中的所有标点抹掉才交给出版商付印。出版商一看书稿没有标点符号，傻了眼。因为没有标点不方便阅读，图书发行量会受到影响。图书发行量不高，收益就会减少。书商无奈，只好硬着头皮请鲁迅重新为书稿加上标点，并答应标点符号也算字付稿费。

鲁迅的行动，是对势利、吝啬的人们的犀利嘲讽，显示出智慧的光芒。

作为教师，难免有让学生不满的地方（如年龄、长相、衣着、举止），学生也会有些微词，看你如何对待。你过分认真，难免找气生，气出了病，医药费还得自己掏。你不认真，以幽默对待之，反而"退一步天高地阔"。可见，自嘲是一种超脱的人生境界！

有时候，当教师的，特别是做班主任的，经常要做学生的思想工作。这时，你也不妨请幽默来帮你的忙。

某个班级的男女生需要把双人床抬到新寝室。男生力气大，一会就搬完了，但女生却一筹莫展。这时班主任就顺便叫几个男同学去帮忙，可是他们却不情愿。这时，班主任没有采取强硬的手段压服他们，而是拍着其中一个男生的肩膀说："大家都是男子汉嘛，要有男子汉的气派。你看'男'字，不是个会意字吗？从田从力。男人男人，就是在田里出力的人。现在还没叫我们去田里出力，只是要我们在屋里出点小力气，大家如果不想干，对得起这个'男'字吗？"班主任一席话，缩短了师生间的心理距离，同学们听了，都笑着替女生搬床去了。这种效果远非疾颜厉色的批评所能达到的。

现代化，给人们带来了丰厚的物质文明，也带来了前所未有的工作压力、精神压力。教师被绑在应试教育的战车上，更是不堪其苦。我们不妨请幽默走进生活，让它来调整人际关系，让他来缓解人生压力。"笑一笑，十年少。愁一愁，白了头。"我们希望幽默使我们教师笑口常开。

教师的潇洒，还应表现为灵活机智。为人处世，应该有个原则性。然而，光有原则性还不够；遇到特殊问题还应具备灵活性，不拘泥于一隅而不知变通。

《史记·孔子世家》载：孔子率领弟子周游列国期间，曾经在蒲地被人包围。孔子派人与蒲人谈判。蒲人提出条件："不去卫国，才可以放行。"孔子答应了蒲人的条件，并签订了条约。可是，蒲人解围以后，孔子仍然去了卫国。他的弟子子贡提出异议："条约怎能违背呢？"孔子却说："那是在被要挟的情况下订立的盟约，神灵是不去监察的，我们也不必去履行。"

在这方面，苏轼与韩愈似乎得其真传。当年苏轼参加进士考试，兴之所至，编造了一个“典故”。阅卷人欧阳修对苏轼文章“一见钟情”，但却不知典故的出处。成绩公布后，苏轼中榜。爱才且虚心的欧阳修约见苏轼，并请教文中典故的出处。苏轼怕作假挨批评，信口撒了个谎，声称出自《左传》。第二天，欧阳修又约见苏轼，不耻下问：“我记忆力衰退，又老眼昏花，昨夜查遍了《左传》，也没有发现出处，到底出自哪里？”苏轼这才不得不以实相告，说是自己编的。他想，一定要挨座师批评了。孰不知欧阳修不但没有批评，反而赞赏苏轼知权达变，日后必成大器。

有时，由于场合不同，同一作者对于同一件事情前后看法迥异，例如韩愈的散文中就有这种现象：

> 圣人无常师，孔子师郯子、苌弘，师襄、老聃、郯子之徒，其贤不及孔子。孔子曰：“三人行，则必有我师。”是故弟子不必不如师，师不必贤于弟子，闻道有先后，术业有专攻，如是而已。（《师说》）
>
> 噫！后之人其欲闻仁义道德之说，孰从而听之？老者曰：“孔子，吾师之弟子也。”佛者曰：“孔子，吾师之弟子也。”为孔子者，习闻其说，乐其诞而自小也，亦曰：“吾师亦尝师之云尔。”不惟举之于其口，而又笔之于书。（《原道》）

孔子至周，曾问老子。这件事《史记·老庄申韩列传》和《孔子家语·观周篇》都有记载。韩愈在《师说》中为了证明“圣人无常师”这个观点，肯定了“孔子师老子”这件事；但是，在《原道》中，韩愈却否定了这件事，并且还斥责一些儒家人物“乐其诞而自小”，前后判若两人，有人认为这是韩愈行文不周密所致。其实，这并非作者无意的疏忽，而是有意的“变通”。

为师的潇洒，还应表现为在世俗与名利面前的洒脱。

孔子就是个天马行空，独步天下，不为世俗所牵制的潇洒君子。

当时的风俗，赴宴先吃水果后吃饭，而孔子却先吃饭后吃水果。有人讥笑他不懂礼，而他却坚持不改。他认为这样做有利于健康，便“仍走自己的路”，任人评说。

“富贵”二字是极富魅力的字眼。古往今来，说不清有多少人汲汲于此，终身追逐。这种行为本身没有错，不过君子爱财，取之有道。如果是不义之财，得来又怎么安心？君子求“贵”亦应求之有道。舐痔尝粪，虽贵而令人不齿。孔子在富贵面前态度潇洒，值得我们效法：

孔子曾毫不掩饰地说：“如果可以取得富贵的话，即使是为人执鞭的下等差使我也干。”他确实干过“吹鼓手”、“管理仓库”之类的“鄙事”。然而，如果富贵需要用不正当的手段取得，他却不干。不义而富贵，对他来说，就像过眼烟云，毫无价值。例如，孔子精通法律，在审理案件方面很有才能，这是比“执鞭”体面得多的致富门路（当今许多人趋之若鹜），然而，孔子并不热衷于此，他希望天下不发生诉讼案件，宁愿自己才无所用，过着清贫生活。

以孔子为代表的儒家学派是入世主义者。孔子为了实现自己的理想，是热衷于仕途的。他在鲁国从乘田小吏做到大司寇摄相事，不仅杀了惑众的少正卯，还整顿经济秩序，维护消费者权益，使大羊商沈犹氏不敢往羊肚子里灌水。然而，当鲁君接受了齐国的女乐而耽于享乐、不思进取时，他便视官位如敝屣，毅然辞官，并恋恋不舍地告别父母之邦，"逃异地，走异路，去寻求别样的人们"。

被中国人称为清朝最后一个遗老、西方人称为"当代孔子"的辜鸿铭，与孔子颇有几分相似。他学贯中西，然而，长袍马褂，辫子摇曳，常让人不识荆山之玉。他在英国讲学期间，坐公共汽车时，倒拿着一张英文报纸。几个英国乘客看了，窃窃私语，嘲笑他不懂英文，连报纸都拿倒了。辜鸿铭听了，用流利的英文对他们讲："英文这东西太简单，倒着看就可以了。"几个英国人自讨没趣，车一靠站，就提前溜走了。袁世凯称帝，拉拢知名人士，辜鸿铭也包括在内。一次，袁世凯送了一笔银子给辜鸿铭，辜鸿铭认为这些钱不干净，但又不退还。而是拿这些钱到妓院，把这些钱分给妓女们。妓女们喜出望外之余，又对辜鸿铭的行为深感费解。

辜鸿铭倒拿报纸的做法看似怪异，其实是在显示自己的优越感。辜鸿铭把钱分给妓女，旨在说明袁世凯的钱"不干净"，分给那些贫穷的妇女，既以表示自己洁身自好，又帮助了那些"卖淫卖穷"的可怜人。

人生的潇洒，还应表现在全面发展、兴趣广泛上。

孔子就是一个全面发展，兴趣广泛的人。他爱好音乐，除非遇到朋友的丧事等特殊原因，他每日必歌。他喜欢射箭，经常参加射箭比赛。他热爱大自然，喜欢投入大自然的怀抱。一次，他与曾晳、子路、公西华等学生闲聊。当谈到各人的志向时，诸生各自谈到自己或治军或从政的志向，唯独曾晳谈到他愿带着一群成人和孩子去春游，在沂河洗洗澡，在舞雩台吹吹风，然后唱着歌回家。孔子听了情不自禁地感叹道:“我赞成曾皙的。”这赞叹声,便反映了孔子一生崇尚天然的潇洒情怀。

时代发展到今天,知识信息传播的渠道日益广泛,这就需要教师广学博识。否则很难在教学中高屋建瓴,应付自如。然而,目前高等师范教育分科很细,教师的知识“专”而不“广”,教起书来难免捉襟见肘。我们做教师的应该不断“充电”,提高自己的业务素养。

性格潇洒的人,有时能参透人生,把生命置之度外。孔子在这方面表现尤为突出。他周游到匡地,人们误认为他是阳虎而围攻他,然而他并不害怕。在宋国,孔子在一棵大树下演习礼仪,受到孔子批评的司马桓魋派人砍倒大树,险些使他丧命。然而,他却说“上天既然把美好的道德都集中到我身上,司马桓魋又怎么能奈何得了我呢?”“猝然临之而不惊”,应该是教师必备的品质。那种在教学活动中遇事就慌乱的人是不堪为人师的。汶川地震中那个范姓教师在地震来临时甩下学生仓皇逃跑的行为,是有辱师范的。

孔子这种气质融入了民族精神。翻开历史,临危不惧的英雄人物很多。在这方面,孔学的后学代不乏人。戊戌变法勇士谭嗣同,变法失败后完全有机会逃生。但是他却坐以“待毙”。他认为国运之所以不昌,是因为无人为变法流血牺牲。他甘愿以自己的生命给国家和民族带来一丝希望。临刑之时,他从容镇定,赋诗言志:“有心杀贼,无力回天;死得其所,快哉快哉。”另外,如“苟利国家生死以,岂因祸福避趋之”的林则徐,宁死不屈的鉴湖女侠秋瑾等等,都以青春或生命诠释了孔子的精神。

磨砺思想的剑锋

教育的目标不仅仅在于传授知识，还在于开发智力，培养能力，让受教育者能够在继承的基础上创新。换言之，我们不仅需要孩子学富五车，更需要孩子满腹经纶。从某种意义上讲，学生的智力与能力的培养比知识传授更为重要。

然而，怎样才能实现这种目标呢？我们认为，首先要注重学生思维品质的培养。因为，思维的品质是智力与能力的核心。

目前，新课程设计者已经充分注意到了这一点。就拿普通高中《语文课程标准》来说吧，其中就明确要求学生养成独立思考、质疑探究的习惯，增强思维的严密性、深刻性和批判性，“重点关注学生思考问题的广度和深度”。

然而，好几个省市实行新课改以来，在这方面成效尚未尽如人意。原因何在？在于教师的思维品质方面未能“达标”。要想使学生具备良好的思维品质，首先教师要具备良好的思维品质。否则，以师昏昏，焉能使生昭昭？而事实上，现在师中“昏昏”者多，难以又好又快地培养出“昭昭”之才。

毛泽东生前说过：“教改问题，首先是教员问题。”目前，教育的当务之急，是重视教师思维品质的培养，使教师的思维带有批判性、深刻性、灵活性、严密性。当然,教师只是教育者的一部分。父母以及社会上关涉教育、宣传的人士都是教育者,他们的思维品质也应该不断提高。

从思维的批判性、深刻性、灵活性、严密性角度考察,孔子堪称教师典范!我们这里不妨就这个问题展开论述。

一、关于思维的批判性

批判性思维,是做学问难能可贵的思维品质。唯有思维带有批判性,才能发现前人现成结论的不妥,从而跳出窠臼,纠正谬误,弘扬真理。

孔子是注重对学生思维的批判性培养的。他明确提出了“当仁不让于师”的著名论断。这在两千五百年前,可谓惊天破石,振聋发聩。

孔子本人的思维就富有批判性。例如,有一首古诗云:

唐棣之华,
偏其反而,
岂不尔思?
室是远而?

这几句诗意思是:“唐棣树的花儿,在风中翩然摆动;难道我不思念你?只是两家相距遥远。”孔子读了这首诗便加以批判说:“还是没有真正的思念。否则,哪里还谈什么路途遥远呢?”

孔子的后学对他的批判性思维理论也心领神会。如孟子说:“尽信《书》不如无《书》。”清人陈献章云:“学贵有疑,小疑则小进，大疑则大进。”

古往今来，许多教育理论，可资我们批判的很多。例如：“授人以鱼不如授人以渔”这句话被当代学者奉为圭臬。其实，这句话“硬伤”很大。首先，以“鱼”喻“知识”，本身就不妥。因为“鱼”与“知识”没有相似点。你给人一条鱼，别人吃完了就没有了。但是，你教给别人一门知识，他会终身受益。这个人将来为人父或为人母，为人师或为人领导，他还会把知识信息再传递给别人。再说，我们的教育活动中，“鱼”与“渔”并非不相容的，我们为什么不能既授人以“鱼”，又授人以“渔”呢？其实，万丈高楼平地起，知识是基础。基础不牢，就会地动山摇。没有知识做基础，奢谈学习方法、能力培养，无异于痴人说梦。譬如一个人正在饿肚子，你是先给他鱼呢，还是先教给他钓鱼的方法呢？答案是显而易见的。

再如，人们常说“给学生一碗水，教师要有一桶水”。细细思考，这个比喻也有缺陷。首先，学生与教师都不是静止的容器，而且也不是碗与桶的关系。教师应是江河，而学生应是海洋。江河源源流向大海，才能成就大海之大。教师教育学生，应使学生青出于蓝而胜于蓝……

目前，我国各级各类学校的办学规模越来越大。且不说大学，就是中小学也不乏上万人的学校。这种做法，已经被许多领导和专家首肯，并美其名曰“放大优质资源”。可是，我们要问：“优质资源真的能够放大吗？”一碗干米饭加上一盆水，已经不再是干饭，而是“粥”了。放眼神州大地，学校合并、名校设立分校，一时间热热闹闹，结果是师资短缺，生源下降，管理跟不上，办学质量大滑坡！特别是有些分校，挂着名校的羊头，卖的是劣质教育的狗肉。结果只是把图虚名的家长的腰包中的钱攫为己有，至于学生的成绩、前途，那又另当别论了。其实，“山不在高，有仙则名”，校不在大，质高就行。精品意识是名校的生命线。而打破了精品意识去肆意扩大办学规模，也是自己践踏自己啊！在这方面，西方人头脑似乎比我们清醒。美国教育家鲍耶说：“最好的学校应该是学生数只有三百人的学校，他们彼此都能叫出对方的名字。”

我想，哈佛大学没有分校、麻省理工学院没有改称大学的原因就在于此吧。

二、关于思维的深刻性

作为一名教师，只有思想深刻，才能在教学研究工作中“不为浮云遮望眼”。

怎样叫思想深刻？定义倒不大好下，不过我们可以用孔子的言行作为标杆来谈一谈。

思想深刻的人，最可贵的品格是自己用心去观察世界，直面现实，务实求真，实话实说。孔子就是这样的人。古往今来，人们大谈立言立德，都以“好德”来标榜自己，吹捧别人。至于“好色”，其实男人大多如此，只是没有一个敢承认的。岂但不敢承认，不少人还标榜自己“好德”而不“好色”。而孔子却能直面事实，实话实说：“吾未见好德如好色者也。”这句话翻译成为现代汉语，就是说：“我没见过好德的程度比好色的程度还要深的人。光阴似箭，倏然两千余年。然而，这句话仍有震撼世人心灵的作用。许多以好德自居而骨子里好色的伪君子，在孔子的这面照妖镜前能不原形毕露？

思想深刻的人犹如显微镜操作人员，能发现肉眼看不到的细菌。孔子在这方面有超人的功力，能够明察秋毫。春秋时期有个人叫尾生高(也作“微生高”)，是个当时非常出名的“正直之士”。可是孔子对此却持异议。理由是：一次，有人到尾生高家借醋。尾生高无醋可借，但却不直说，反而暗地里把邻家的醋借来给了前来借醋的人。孔子看出尾生高的伪善来。在孔子眼中，正直就是要实事求是。尾生高没有实事求是，因此算不得正直的人。

一个思想深刻的人，能够透过现象看本质。孔子注重调查研究，有时连自己的眼睛也不轻信。孔子当年带领弟子周游列国，吃尽千辛万苦，在陈蔡一带，他曾经好几天连饭都吃不上。一天，颜回好不容易讨点米来在厨房做饭。蓦然间，孔子远远望见颜回从锅里抓了一个饭团塞进嘴里。当时孔子很伤心。他所教学生三千，算得上“三好生”的有七十二人，而七十二人中，他最器重的就是颜回。想不到颜回也经不住饥饿的考验！不过，孔子转念一想，是否别有原因？于是，他决定再调查一下。不一会，颜回把饭端了上来，孔子却不急于吃饭。他说要先祭祀一下祖先。颜回一听，马上说：“老师，不干净的饭是不能祭祀祖先的。刚才房顶的灰掉到锅里……”孔子一听，恍然大悟，原来是灰掉进锅里，颜回舍不得扔掉被污染的饭粒而把饭吞到肚子里！孔子为此感慨万千。他对学生们说：“青年人要记住，了解一个人不容易啊！”

思想深刻的人，他能够超越集团、民族乃至国家的界限，着眼于全人类去思考问题。孔子正具备这种品质。一次，楚王打猎丢了一张弓。臣下要派人寻找，楚王制止说：“一个楚人丢了弓，肯定另一个楚人得到，何必去寻找呢？”此话传出来后，许多人都认为楚王胸怀宽广。而孔子却认为，楚王胸襟仍然是狭隘的，楚王应该说：“一个人失掉一张弓，另外一个人得到，又何必去寻找呢？”

人之为人，应该有个起码的道德底线。古今中外，有不少人试图作一个准确的界定。然而，仔细研究发现，还是孔子对道德底线的界定最准确：“己所不欲，勿施于人。”如果一个人达到这个标准，他也就无愧于“人”的称号了。孔子的这句话，几千年来，不仅被华夏民族奉为圭臬，就连西方人也佩服之至。他们把“己所不欲，勿施于人”这句话视为成功的“黄金法则”。他们认为，只要按照孔子说的去做，就能在人际交往中获得成功。

生活如哈哈镜，人们往往会被事物的表象所迷惑。有许多概念反映的内涵便包含着一件件冤假错案。例如，“登徒子”作为一个概念，向来被人们视为好色者的代称。其源于战国时期宋玉的《登徒子好色赋》。

登徒子有一次在楚王面前说宋玉的坏话：宋玉体态俊秀，能言善辩，生性好色；希望大王不要让他出入后宫。

一天，楚王以登徒子所说询问宋玉。宋玉回答说：“体态俊秀，这是天生的；能言善辩，这是老师教的；至于好色，这是我所不具备的。天下的美女，没有超过楚国的。楚国漂亮的姑娘没有超过我家乡的。而我家乡美丽的姑娘，没有超过我家东邻女孩子的。这位美丽的女子增一分就显得太高，减一分就显得太短。脸上搽粉显得太白，搽胭脂就显得太红。眉毛像翠绿的鸟羽，肌肤像高山洁净的雪。腰如束了一条素带，牙齿像含着白色的贝壳。她嫣然一笑，能够使下蔡、阳城的人都为之倾倒。但是，这个女子‘登墙窥臣’（趴在墙头上注视我）三年，我至今还没有接受她的爱情……”反过来，宋玉反讥登徒子好色。理由是登徒子娶了个丑老婆，却十分钟爱，和她生了五个孩子。

宋玉这一番话，不仅打消了楚王对他的疑虑，反而使登徒子落得个好色之名。千百年来，人们人云亦云，都把登徒子作为好色之徒的代名词。

可是，二十世纪六十年代的一天，毛泽东在杭州下榻，召集一批学者谈论古典文学。在谈到《登徒子好色赋》时，毛泽东认为登徒子并非好色之徒，富贵易妻，这在中国古代是常见的现象。登徒子作为朝廷命官，完全有易妻的条件。可是，他妻子那么丑，他不仅不易妻，而且长相厮守，并生了五个孩子，这说明他不好色，而且是“执行婚姻法的模范”（毛泽东原话）。

毛泽东之说，入情入理，第一次为登徒子翻案，不过，习惯势力太严重，登徒子在词语的海洋中，仍然还背着“好色”的黑锅。

当然，民间也不乏思想深刻的智者，例如：

春秋有个军事家叫做吴起的，他担任将领，饮食与衣着全都跟士卒中最下级的一样。他晚上睡觉的地方，不加铺盖，行军的时候，不骑马乘车，粮食自己背，器械自己扛，跟士卒分担劳苦。士卒中有皮肤肿烂的，吴起看到了，会毫不犹豫地趴下为他吸出脓汁。

一名士兵身上害了疽，吴起为他吸出脓汁。他的母亲听到这个消息，不禁失声痛哭起来。旁人见了，劝慰她说：“你的儿子，只是一名士兵，而吴起贵为上将，他亲自为你儿子吸出溃疮的脓汁，你应该感到光荣才对，为何反而哭起来呢？”那名士兵的母亲解释说：“这个你们就有所不知了，往年吴将军也曾为我孩子的父亲吸过脓疮，孩子的父亲为报答他垂爱的隆恩，凡遇战争，无不格外卖力杀敌，结果，没多久就战死在沙场上了，而今，吴公又为我的儿子吮吸脓法，我这孩子不知什么时候又会为他卖命战死的，想到这点，我就禁不住哭了。”

后来，这个妇人的儿子果真战死！

看看，这个普通妇女思想是何等深刻！

日常生活中，有一种怪现象，那就是把口号当作定理。这本身就是思想肤浅的表现。秦朝末年，陈胜和几个同伴替人家耕田种地，累得七死八活。一次在田头休息时，他提出一个著名的口号，那就是“苟富贵，毋相忘”。后来，陈胜揭竿反秦，一度势力浩荡，称王而治。当年那帮穷朋友还记得陈胜这句口号，便纷纷投奔他。但这些人把口号当成定理，仍然觉得“陈王”还如当年，虽已富贵而不忘他们，便尊卑不分，说出一些有损陈王威信的话来。结果，陈胜对他们不仅“相忘”而且“相害”，使他们糊里糊涂地丢了小命。

“宁为玉碎，不为瓦全”，也是古人的一句响亮的口号。意思是为了坚持正确的信仰信念，宁死而不偷生。惜乎，这句话被封建统治者利用，他们培养了一大批愚忠的人才。这批人才被人利用而不知，宁死不屈，然而死则死矣，并非“玉碎”，甚至连“瓦碎”都谈不上。中国的朝代更替，有多少人为旧朝而死，为新朝而亡？他们自以为死得壮烈，死得其所；其实不过是政治阴谋家的牺牲品而已。试想，哪个开国皇帝的宝座，不是无辜的白骨筑成？就说明朝的方孝孺吧，骨气是有的，这一点应该肯定。然而，皇帝是侄儿当，还是叔叔当，你何必计较？结果自己身死不算，还被株连了“十族”。千年而后，读这段历史，我们固然同情方孝孺，但决不能以“玉碎”的美名谥之。

这句口号在现代也曾荼毒过许多生灵。十年浩劫，神州一度武斗成风。双方都抱着捍卫共和国红色政权的决心投入战斗，虽身首异处而不悔。说不清，当年武斗死了多少人。当年，也有许多人为死者开追悼会，并封以“烈士”的美名。然而，时过境迁，如今看来，他们死得毫无价值。春去秋来，草枯草荣，荒坟寂寂，除亲人以外，有谁记起？

不少封建礼教的东西，都是以口号形式出现的，如果一旦作为定理则害人匪浅。譬如：“好马不吃回头草，好女不嫁二夫君。”这是民间流传甚广的口号。它不知约束了多少女子的青春与爱情。说不清有多少女子，丈夫一死，便紧锁心扉，扮演“未亡人”的角色。任花开花落，任鸟飞鸟去，身未死，心已秋，只等一死万事休。甚至有些女子即使被男人遗弃，仍然抱定生是某家人，死是某家鬼的信念。闺房寂寂，燕巢已空，斯人不归，抱恨而终。

“有志者，事竟成”也是当今颇为响亮的口号。它脱胎于蒲松龄的一副对联：“有志者，事竟成，破釜沉舟，百二秦关终属楚；苦心人，天不负，卧薪尝胆，三千越甲可吞吴。”“有志者，事竟成”作为口号，是有积极作用的，然而，我们不能把它认为是定理，认为只要执著追求，就会摘取成功的果实，我敢断定，不少人因迷信这句话而误了一生。科举时代，有多少士子，皓首穷经，最终一事无成！孔乙己是小说中的人物形象，具有典型性，至于生活中的人，远的不说，就说蒲松龄自己吧，少年时代就涉足科举，奋斗几十年还是事未成！倒是种瓜得豆，写出了不朽的《聊斋志异》。倘若蒲松龄以创作为务，那么，他文学创作的巅峰说不定又高出许多。个人的成功,不仅仅靠"有志"。王安石在《游褒禅山记》中说得好:一个人成功,一靠有志,二靠有力,三靠外物相助。这三者缺一不可。以攀登珠穆朗玛峰为例,有志固然重要,然而,身体欠佳,无力攀登也不行。前二者具备了,没有登山的必要设施(如供氧装置)也不行。再说,一个人有志气救济苍生,也满腹经纶(有力),但是,没有伯乐发现你、提拔你,你最终也只好老死草野。具有讽刺意味的是,中国历史上的有才有识之士沦落草野的居多,而无能之辈却能够窃居高位。苏轼的《洗儿》一诗,是这方面不平则鸣之作。诗云:

人家生儿愿聪明,我为聪明误一生。
但愿生儿愚且鲁,无灾无病到公卿。

再如,"人定胜天"作为一句口号,自然无可非议。但我们千万不要认为,我们人可以主宰自然了。人类,仅仅是自然中的一员,怎能反客为主呢。长期以来,人们误把"人定胜天"当作定理来使用。因而不注重环境保护,破坏了自然平衡,反过来受到自然的惩罚。试看江河断流、洪水泛滥、沙尘肆虐、珍奇物种灭绝,瘟疫流行,不都是我们人类违反自然规律的"胜天"行动而招致的恶果吗?人类是大自然的尤物,应该维护自然才对,中国古代的"天人合一"思想,是当今世界应该充分重视的。

人类成熟的标志在于自己能够反省自己。目前,我们人类被大自然当头棒喝,比以前清醒多了,知道保护自然环境的重要性了。然而,这还远远不够,我们要把我们的反省扩展到各个领域,全面检讨自己,才能解决好前途与命运问题。就拿口号与定理问题吧，我们自己要“运用脑髓”，“放出眼光”来分清楚，还要提防有人有意无意地把口号当作定理来愚弄人、坑害人。总之，走出把口号当作定理的误区，是不容忽视的事情。

目前，也有许多问题需要我们凭借着深刻思想来识别真伪。例如：

“梅花香自苦寒来”，向来被人们作为教育名言传诵，用以说明获得成功需要吃苦的道理。这里以“香”喻成功，以“苦寒”喻逆境。这种说法本身就是错误的。“苦寒”对梅花来讲，不是逆境而是顺境，换句话说，苦寒是梅花开放不可或缺的有利条件！

曹禺的《雷雨》，是中学语文课本的传统篇目。关于周朴园怀念侍萍感情是真是假问题，向来是一些研究家争论的问题，也是中学语文教师大做文章的话题。说不清有多少教师在《雷雨》教学中组织学生就这个话题展开辩论。其实，这个问题没有讨论的余地。周朴园对侍萍的怀念是真的！试想，周朴园与侍萍是有感情基础的，但因封建礼教的禁锢，这桩主仆之恋只好以悲剧告终。然而，正如周朴园自己所说，他对侍萍是心怀歉疚的。更何况后来两次婚姻都不和谐，更使他勾起对侍萍的怀念。“将缣来比素，新人不如故”，这是古今男子的共同心理！至于周朴园认出侍萍又来到自己身边时，他忽然变了面孔，这也在情理之中。因为，此时理智战胜了感情！因为，此时侍萍的出现可能危及他的身份、地位乃至家庭。换位思考，假如你婚前有过一段世俗认为不光彩的恋爱史，有一天，老情人突然出现在你家的客厅，你会不感到尴尬吗？

三、关于思维的灵活性

思维要有规则，做事要有原则。但是，矛盾有其一般性，也有其特殊性。对待问题的特殊性，就需要我们具备“灵活性”。行动如此，思维也是如此。

用辩证的眼光看问题，是思维灵活性的重要标志。孔子在这方面令人叹服。

请看《论语》中孔子的言论：

子曰：“人而无信，不知其可也。大车无輗，小车无軏，其何以行之哉？”（《论语·为政》）

子贡问政。子曰：“足食，足兵，民信之矣。”子贡曰：“必不得已而去，于斯三者何先？”曰：“去兵。”子贡曰：“必不得已而去，于斯二者何先？”曰：“去食。自古皆有死，民无信不立。”（《论语·颜渊》）

子贡问曰：“何如斯可谓之士矣？”子曰：“行己有耻，使于四方，不辱君命，可谓士矣。”曰：“敢问其次？”曰：“宗族称孝焉，乡党称弟焉。”曰：“敢问其次？”曰：“言必信，行必果，硁硁然小人哉！抑亦可以为次矣。”（《论语·子路》）

孔子一直强调“信”的重要。他认为，人如果没有“信义”，那么就不知如何是好了。人没有了信，就像大车没有木销“輗”，小车少了木销“軏”一样，那就寸步难行了。对于为政者，他更强调“信义”。他认为，治理好一个国家或地区，需要老百姓有饭吃，并有足够的武装力量，还有足以赢得百姓信任的信义之道。三者不得已去其二的话，依次是“兵”与“食”。因为，当一个为政者不讲信义，失去了人民的信任，政权就站不住脚了。

然而，孔子并非拘泥不化。一次，子贡问他达到什么标准才能称“士”。他谈到“士”有三等：“一等士”为“用羞耻之心约束自己的行动，出使外邦不辜负君主的嘱托”；“二等士”为“宗族们都称他孝顺父母，同乡的人都称赞他尊老爱幼”；对于第三等，勉强可以称为“士”的人，孔子做了这样的描述：“说话一定要讲信用，做事态度果断，显得固执浅陋，但也算得上末等的士了。”

显然，孔子这里对作为“士”的人来说，“言必信，行必果”，只好“叨陪末座”了。原因何在？这种人不知变通！后来，孟子对孔子的看法加以引申发挥，便有了“大丈夫言不必信，行不必果，惟义所在”的名言。

孔子周游列国，被蒲人包围。后来订立盟约，保证不到卫国去，蒲人才放行。可是，离开蒲地后，孔子还是去了卫国。学生中有人质问他不信守盟约。他说：“被胁迫时订下的盟约连上天都不认可的，不必去践行它。”

“爱之欲其生，恨之欲其死”，这是人们的普遍感情。很少有人能够公允地全面评价别人。而孔子却能够做到。他对管仲的评价是“灵活”的。

子路曰：“桓公杀公子纠，召忽死之，管仲不死。”曰：“未仁乎？”子曰：“桓公九合诸侯，不以兵车，管仲之力也。如其仁，如其仁。”（《论语·宪问》）

子贡曰：“管仲非仁者与？桓公杀公子纠，不能死，又相之。"子曰："管仲相桓公，霸诸侯，一匡天下，民到于今受其赐。微管仲，吾其被发左衽矣，岂若匹夫匹妇之为谅也，自经于沟渎而莫之知也？"(《论语·宪问》)

古代人讲究"义"与"仁"，其中一条就是忠于国家或君主，以身相殉。管仲和召忽协助公子纠与公子小白争夺王位。公子纠失败被杀后，召忽以身相殉，而管仲被俘后，却投靠了公子小白，还当了相国。这件事，历史上人们是有非议的，子路与子贡也不例外。然而，孔子却从灵活的角度认为管仲能够不以兵力而多次会合诸侯，使齐桓公成为霸主，这就是仁。他还认为：管仲匡正天下，使百姓累世受益，这就是仁。他甚至说：没有管仲，我大概也会沦为夷狄而"被发左衽"了。孔子对管仲评价之高，堪称石破天惊！

然而，在孔子眼中，管仲是瑕瑜互见的。对管仲的奢侈、非礼行为，孔子也毫不客气地加以批评：

子曰："管仲之器小哉！"或曰："管仲俭乎？"曰："管氏有三归，官事不摄，焉得俭？""然则管仲知礼乎？"曰："邦君树塞门，管氏亦树塞门。邦君为两君之好，有反坫，管氏亦有反坫。管氏而知礼，孰不知礼？"(《论语·八佾》)

管仲有三处华美的府邸，手下的人员从不兼差。孔子认为他太奢侈了。管仲家中的建设、招待宾客放置酒具的设备都比照国君，孔子据此批评他不知礼！

四、关于思维的严密性

大千世界，万象纷纭，如何正确地认识世界，把握事物的本质？这就需要思维的严密性。孔子是一个思维严密的智者。他看问题准确、全面，言简意赅。一部《论语》，字数不多，但这类例子很多：

① 定公问："君使臣，臣事君，如之何？"孔子对曰："君使臣以礼，臣事君以忠。"（《论语·八佾》）

② 子贡问曰："乡人皆好之，何如？"子曰："未可也。""乡人皆恶之，何如？"子曰："未可也。不如乡人之善者好之，其不善者恶之。"（《论语·子路》）

③ 或曰："以德报怨，何如？"子曰："何以报德？以直报怨，以德报德。"（《论语·宪问》）

例①：定公问君臣间的关系应该如何，孔子只在定公的原话上添了两个介词短语："以礼"、"以忠"，就把这个问题说得十分清楚、严密。

例②：一个人怎么样算是好人？这是一个令人深思的问题。周围的人全部讨厌他，这个人固然算不上好人，但周围的都喜欢他就一定是好人吗？这也未必，也许这个人是个不讲原则的好好先生。孔子把"善者好之，不善者恶之"作为衡量好人的标准，是再精当不过了。

例③："以德报怨"，乍看是大度的表现，其实，是一种丧失原则性的做法。孔子提出"以直报怨"的主张，极有分寸，既体现了原则性，又无主张挟私报复之嫌。一字之易，重于九鼎。

孔子语言的准确，还表现在他能够用辩证的观点看问题。例如：

④ 学而不思则罔，思而不学则殆。(《论语·为政》)

⑤ 质胜文则野，文胜质则史。(《论语·雍也》)

例④阐述了学习与思考的辩证关系，对学习者有着指导意义。例⑤谈了文与质的关系，开了文质兼备主张的先河。

回眸历史，中国许多事情，都是思想不严密造成的。以人口问题为例，中国的传统意识认为人丁兴旺是好事。因此，中国统治者向来是鼓励生育的，一直到新中国成立后仍然如此，马寅初受批判，使中国多出生了几亿人口。直到上世纪七十年代，人们才消除片面的观点，认识到人口多与自然资源的矛盾，因而痛下决心采取计划生育政策。然而，积重难返，目前我国人口压力仍然很大。不过，中国向来不乏在人口问题上思想严密的人，只不过他们的声音微弱，不为世人重视而已。笔者闲来读书发现，唐代诗人王梵志，在一千多年前就对人口问题有过严密的思考，并提出类似"只生一个好"的口号。这里不妨宕开去，摭取王梵志的几首诗歌来看看他的"计划生育"观，我们不妨通过他的有关诗歌，来探讨他计划生育思想形成的脉络。

首先，王梵志的诗歌与当时鼓励生育的政策和习俗唱反调，明确指出多子并非多福，而是多子多苦。例如《夫妇生五男》：

夫妇生五男，并有一双女。

儿大须娶妻，女大须嫁处。

户役差科来，牵挽我夫妇。

妻即无褐裙，夫体无裈袴。

父母俱八十，儿年五十五。

当头忧妻儿，不勤养父母。

浑家少粮食，寻常空饿肚。

男女一处坐，恰似饿狼虎。

粗饭众厨飡，美味当房去。

奴眼看尊亲，只觅乳食处。

少年生夜乐，老头自受苦。

这里描写了生有五个儿子两个女儿的传统意义上的幸福家庭的生活惨状：儿大娶妻，女大出嫁，父母绞尽脑汁，费尽钱财，家徒四壁。恶吏征税，夫妻被推来搡去，受尽凌辱不说，夫妻甚至没有一件像样的衣裤。父亲年纪八十，风烛残年需要供养，而儿子五十五岁已入老境，另有妻儿，"泥菩萨过河，自身难保"。一家子倒是团结"一处坐"，然而饥肠辘辘，如饿狼饿虎。好不容易做点粗糙的饭食，或偶有美味，众人抢食，无人顾及父母。年轻人或许还有夜生活暂时欢乐，而老头子忍饥受饿独自受苦！

看了这幅图景，谁还能说多子多福呢？

人们常谈论一种现象："有钱人养得起孩子反而生孩子少，穷人养不起反而生育能力特别强，生的孩子多。"正如俗语所言："穷人孩子多，洼地青蛙多。"这种现象，王梵志早已发现。他在《富儿少男女》中写道：

富儿少男女，穷汉生一群。
身上无衣挂，长头草里蹲。
到大耶没忽，直似饱糠牲。
长大充兵役，未解起家门。
积代不得富，号曰穷汉村。

王梵志在这首诗中不仅揭示了上述的怪现象，而且指出生活的贫富与子女多少具有直接关系。穷汉之所以穷，因"多生而致贫"。穷汉村的形成，令人触目惊心。读到这里，作者提倡少生的思想已经呼之欲出了。

王梵志对人口无限制增加的坏处，不仅从家庭的角度思考，还从国家乃至全球的角度思考。他在《自生还自死》一诗中写道：

自生还自死，煞活非关我。
续续生出来，世间无处坐。
若不急抽脚，眼看天塞破。

这首诗明白如话，明确指出：人口太多，不仅会使地球上连坐的地方都没有，甚至连天都会被撑破。"眼看"二字，反映了问题的紧迫性，旨在增强人们的危机感。

在充分认识基础之上，这个有良心的诗人悲天悯人之余，终于明确提出了控制生育的主张：

大皮裹大树，小皮裹小木。
生儿不用多，了事一个足。
省得分田宅，无人横煎蹙。
但行平等心，天亦念孤独。

看，作者明确指出，无须多生儿子，生一个能干的儿子就足够了。“了事”，“能干”的意思。这句话中不仅有少生，还有优生的思想。为了使自己的主张被人理解，他还进步解释“只生一个儿”的好处：避免儿子多了，彼此瓜分有限的田地。这样一来，人口少了，就不会有人受到“煎蹙”(愁苦困窘)了。针对古代人普遍担心“孩子少而受人欺侮”的现象，他直言相告说：“但行平等心，天亦念孤独。”只要自己以平等心立身处世，连上天都会眷顾的，哪会有人欺侮呢？以平等心待人，别人也会以平等心待你——王梵志还告诉了我们“独生子”应该秉持的处世哲学。

写到这里，我们禁不住要为王梵志献上一片崇敬之情。在遥远的唐代，王梵志一如屈原“众人皆醉我独醒”。惜乎，他的主张不仅不被重视，反而会被视为胡言乱语。王梵志诗作几百首，清人以搜罗唐人诗作完备而著称的《全唐诗》，连王梵志的一首诗都没有收录便是明证了。不过，这也不奇怪。连二十世纪六十年代的马寅初计划生育的主张不是还受过批判吗？好在时至今日，计划生育已成为一项基本国策，“少生优生”的思想已普遍为人们接受。王梵志地下有灵，也会深感慰藉吧。

目前，我们教育上就存在着许多思维不严密现象。就拿家庭教育来说吧，由于思维不严密，在教育孩子方面往往发生归因错误：

一个人做事的成败，学习效率的高低，取决于多种复杂的因素。然而，人们在归纳原因时，却往往出现错误，流于简单。家庭教育中这种现象很多。例如：人家孩子考试成绩好，就归因于“认真”。自家孩子考试成绩差一些，就归因于不认真，于是拳棒相加。其实，孩子学习成绩差一点，也可能有其他原因，如学习基础、身体素质、学习方法乃至于智力因素等。

有一位初中生，以全校总分第一名的成绩考入省城一所名校高中。家长欣喜若狂，给孩子定下了“要争第一，再创辉煌”的目标。然而，新学校云集了各个初中考来的尖子，这个孩子第一次考试成绩排中等。家长也不分析原因，只是简单地归结为孩子不认真，先是训斥，后是打骂。一次、两次……孩子得了考试恐惧症。一次，期终考试来临，他便走上了不归路。

一位家长，孩子在学校上晚自习，家长怕孩子上网，计算行程，要求孩子按时回家，孩子也照章办事。可是，有一天，孩子迟到家一小时，刚进门，父亲就迎面一个巴掌，打得孩子泪水直流。其实，这天晚上，学校请了作家给孩子们作报告耽误了时间！

孩子的成长，有其自身的规律。然而，家长往往思维不严密，对孩子的期望值太高，揠苗助长，结果画虎不成反类犬。

试看城市的众多孩子，从牙牙学语时，家长就教他背唐诗宋词，上幼儿园时，就认字画画，稍大一点，学舞蹈、学弹琴、学书法，上了小学还要学奥数，结果孩子疲于应付，身体得不到正常发育，智力得不到锻炼，创新能力得不到培养。也许一时取得点成绩，可以让家长炫耀，但长大后却平平如“仲永”。其实，为孩子减负，把时间让给孩子，让孩子过一个快乐的童年，让出充足的时间给孩子玩，这本身就是培养学生健康成长的极佳途径！

家教思想的不严密还表现在从幼儿开始，父母就以成人的标准要求他们，并追求完美，而孩子的生理、心理与成人差距很大，许多言行不合成人的要求，家长就误判为犯错误，因而横加责备，甚至打骂、饿饭；其实，孩子是无辜的。例如，一个年轻父亲教两三岁的孩子什么是“被子”时采用了“启发式”：“我们家床上是什么？”“妈妈。”本来，父亲预设的答案是“被子”。然而孩子的回答超出了答案范围，父亲就有几分不高兴，态度变得严肃起来，孩子也因此十分紧张。“妈妈身上是什么？”父亲紧紧逼问，总认为这下该回答出正确答案了。谁知孩子的回答却是“爸爸”。父亲一听，猛地一巴掌打在孩子稚嫩的脸上，脱口道：“流氓。”其实，孩子根本没有性意识，只是实事求是地根据经验回答问题而已。

怎一个"爱"字了得

春秋的某一天，一个学生向老师请教成仁的途径，老师回答说："爱人。"这位老师就是孔子，那个学生叫樊迟。

"仁"，在孔子哲学体系中，是诸德之大成，是人生善行的最高境界。然而，孔子没有把"仁"搞得玄而又玄。他的解释很具体："爱人。"他还在多种场合申明自己的观点："节用而爱人"、"泛爱众而亲仁"。有一次，子贡问他说："如果广泛地给人民以好处，从而能够普济众人，可以说达到仁的标准了吧？"孔子听了说："这哪里仅仅是'仁'，应该说是'圣'了！"

作为一个教育家，他不仅热衷于宣传"爱人"的理念，他还躬身实践着自己的主张。"有教无类"，是孔子"爱人"思想在教育方面的延伸。我们常会讲"亲其师而信其道"，那么，怎样才能使学生亲其师？首先要教师亲其生。我们可以大胆地说："亲其生能行其道。"孔子的一生，就是践行"有教无类"思想，"亲其生而行其道"的一生。

孔子招生授业，没有什么名目繁多的招生考试，只要能把最基本学费交掉，就可以入学了。至于家庭出身、性格脾气、年龄长相、智商情商，一概不予苛求，因此，他的门下有贫穷的颜回，也有愚钝的高柴，有胆小怕事的冉有，也有鲁莽灭裂的子路，曾皙、曾参虽然是父子，但不妨碍他们成为同学。

孔子对这些水平参差不平的学生因材施教，最终使众人都学有所成，有所建树。孔子的“有教无类”思想，时至今日的世界各国教育界也没有得到彻底实施。例如：号称讲究自由、人权的美国长期存在种族歧视，黑人不能与白人在同一个学校读书。这个限制，一直到上世纪中叶，艾森豪威尔动用联邦军队才初步解决问题。如果说爱亲友，爱学生，这也许是一般人能做到的。至于“泛爱众”，则非常人能做到的。然而，孔子却孜孜不倦地做到了。

孔子不仅对学生如此，对偶尔求教的人也是如此。互乡人，是当时人们公认不好讲话，难以理喻的。许多人不愿跟这里的人打交道。可是，有一个互乡的少年拜见孔子，孔子却热情接待，谆谆教诲。孔子的学生们见了，都对孔子的做法困惑不解。孔子却不以为然。他说：“别人前来请教我，我怎么连话都不跟人家讲呢？人家把衣服整理得干干净净来访，这一点就应该受到肯定，怎能追究他从前脏乱的缺点呢？”

孔子的“泛爱众”思想不限于同族同种乃至同国，已经具有“国际主义”色彩。

一次，楚王打猎，丢掉了一张弓。随行大臣惶惶不安，决定派人寻找。然而，林苑深深，找一张丢失的弓谈何容易！楚王对大臣说：“不要找了。我虽然贵为国王，但我是一个楚国人。楚国人把弓丢在楚国土地上，肯定另一个楚人会捡到。楚人丢弓楚人捡弓，何必费工夫去找呢？”大臣听了，感激涕零，周围的人也佩服楚王“大爱”的胸怀。这个消息很快传遍了诸侯各国。人们听了,无不佩服楚王宽仁慈爱的品德。可是,孔子听了,却评论说:“看来楚王的胸怀还不够宽广,施爱的范围还太狭隘。为什么不说‘我是人,人丢了弓,又有人会捡到,何必去找呢?’”看!孔子的“爱”的眼光着眼于全人类,比楚王局限于国门之内,更宽泛得多。社会发展到今天,国际化进程日益加快,孔子的这种思想更有现实意义。

宕开去说,孔子的“爱”的眼光更能穿越时空,为人类具有良好的生存环境而萌生环保意识,“爱”及鱼鸟。

人要生存,难免要以鸟兽鱼虫为食,这本无可厚非;然而肆意捕杀,会破坏生态平衡,导致人类自身生存环境恶化,无异于自掘坟墓。这种观点,国人普遍认同只是近几十年来的事。然而,孔子早在两千五百年前就践行了生态保护的思想。《论语》记载:孔子是个射猎的高手,但他从不射归巢的鸟。因为归巢的鸟要休养生息!孔子还把这种环保思想传授给学生。他的学生做了官,便热衷于环保事业。他有一个学生叫宓子贱,当了县令,教民有方。渔民即使在晚上无人看见的情况下用网打鱼,也把大鱼收入鱼篓,而把小鱼放回水里。宓子贱的这种环保教化程度恐怕是我们现在许多地方官难以望其项背的。

孔子不仅对学生进行“爱人”教育,还重视家庭与国家的“爱人”工程建设。

家庭是社会的细胞。无数个家庭成员都能相施以爱,那么这个社会也就安定了。因此,孔子非常注重孝道。他注重孝道教育,还发现并树立了一个孝道典型,垂范千年而不朽。这个典型就是他的学生闵子骞。闵子骞小时候经常受到后母的虐待。冬天,后母为他做棉衣,用芦花来代替丝絮。闵子骞父亲了解到这种情况，怒火万丈，决定休掉妻子。这时，闵子骞后母也已经生了两个孩子，如果父亲休掉现在这个妻子，三个孩子都将遇到难以克服的困难。闵子骞决心不计前嫌，为后母求情。他跪着向父亲说："母亲在这里，只是我一人衣服单薄而已，母亲如果离开家庭，我们三个人势必都会受寒冷威胁。"父亲听了闵子骞的一番话，便中止了休妻的念头。看，闵子骞不仅原谅了继母，还能推己及人！

试想，如果我们当教师的都能教导出闵子骞这样的孝子，还愁家庭不和睦吗？

孔子对于国君也抓住有限的机会宣传自己"爱人"的主张。叶公子高曾向孔子请教治国问题，孔子赠他五个字："悦近而来远。"译成白话文为："使近处的人高兴，使远处的人慕名归顺。"能做到这个程度，国君就要做到"爱人"，不仅爱管辖区内的"近人"，还要爱管辖区外的"远人"！

孔子推崇舜和禹："巍巍乎，舜、禹之有天下也，而不与焉。"说穿了，他推崇舜和禹，就在于这两个人虽然君临天下，但都毫不为己，一心爱民（人）。舜为治理好天下四处视察，客死于"苍梧之野"；禹为百姓免受洪涝之苦，治水九年，三过家门而不入，此等爱民之君，是敬之无愧的。

"爱"是一个好说不好做的概念。有这样一个小故事：

一个家庭男教师，教贵族少女认字。这位教师非常注重形象教学。他写一个"门"字，同时指了指门，小姐把字与实物联系到一起，很快会认会读会写了。这样一天天过去了，教学效果很好，小姐认识了许多字。有一天，老师写了个“爱”字，只叫小姐读与写，小姐按惯例要求老师指示实物，老师却没有办法。小姐再三要求，老师情急之下，抱住小姐接了个吻说：“这就是爱。”小姐说：“这么多字，就数爱字麻烦。”

是的，“爱”是麻烦的，尤其“仁者爱人”之爱尤其麻烦。它要求施爱之人具有耐心、毅力与奉献精神。

作为教师而言，就要做到“为之不厌，诲人不倦”。孔子在教育生涯中认真实践了这八个字。一次，他在进行人生总结时说：

若圣与仁，则吾岂敢！抑为之不厌，诲人不倦，则可谓云尔已矣。

孔子很谦虚，他说在“仁”与“圣”方面，他不敢自许，但他做到了“为之不厌，诲人不倦”。其实，做到这一点太难了！当时，公西华听了感叹说：“这正是我们学生做不到的。”今天的教师，又有几人能做到？

从今天的角度看，孔子能做到这一点也是难能可贵的。

先说诲人不倦。诲人不倦，是一种敬业精神的体现。教师的活动范围可谓狭窄，常年局限于校园，从办公室到教室，三尺讲台，一站就是几十年。这就很容易产生枯燥感、厌倦感。要想做到“诲人不倦”，必须具有高度的敬业精神。要想做到“诲人不倦”，首先要耐得住寂寞，坐得住冷板凳，不追逐红尘繁华、世俗功名。“身在曹营心在汉”，身为教师而目光盯着社会的灯红酒绿，名车洋楼，是难以安心诲人的。君不见前些年许多教师纷纷跳槽？要想做到“为之不厌，诲人不倦”，还需要有一颗真诚的“爱心”，爱教育这块热土，爱求知若渴的受教育对象。只有“爱”得真诚，才能“为”之执著。那些仅仅把教书当作谋生手段的人，当一天和尚撞一天钟，是谈不上“诲人不倦”的。很难设想，见到孩子就头疼的人能干好教师。

再说为之不厌。为之不厌，指做事情不满足于现状。要做到这一点，相当困难。

我们见过一些老师，教过几年书，带过一两届毕业班，出点成绩，便沾沾自喜，认为功成名就，还谈何不自满，还谈何继续钻研？报纸上不是经常披露一些教师一旦评上高级职称，就不进课堂，不搞科研吗？我们说，要想做到“不满足”，必须做到“不厌倦”。同样的条件，学无止境，教无止境，作为教师应永不自满；教师是人类灵魂工程师，应该恪守天职，为培养国家建设人才而辛勤耕耘，永不厌倦！

当然，孔子“爱生”，不仅不怕麻烦，还不怕危险。他的学生冉伯牛生了传染病，被关在房子中隔离起来，作为老师不去探望也无可厚非。然而孔子却一定要亲自看望。并从窗口伸进手去与病人的手紧握在一起！

“爱”能够赢得人心，因而，也就有人作秀。孔子对作秀的爱是深恶痛绝的，不留情面地加以揭露和批判。

就说管仲吧，孔子对他是有好评的。时人攻击他不能从一主而终，屈身变节事二主；孔子却认为他知权达变，使齐国称霸中原，避免中原沦为狄夷，立下了汗马功劳，不仅不值得诟病，反而应受到尊重。然而，对管仲的“作秀”行为他也痛加批判。例如：一次河中水深，人们渡河不便，管仲就叫人把自己乘坐的马车填到河里去，以便人们渡河。孔子知道了说：“作为一国总理，要是真爱护老百姓，在这里架座桥不就得了吗？哪里用得着把马车填到河里去呢？”惜乎，古今中外，像管仲这样作秀而塑造“亲民”形象的人太多！在抢险救灾场面中，我们常会见到领导集中抢险人员讲话动员。其实这时时间就是生命！你少讲两分钟乃至不讲不行吗？无非是为上电视镜头塑形象而已。

孔子并非不食人间烟火的迂夫子，他注重亲情友情，也注重爱情。他曾经整理过《诗经》，对《诗经》中的爱情诗并没有“痛恶”。他说：“诗三百，一言以蔽之，曰：思无邪。”而这三百多首诗中，大量篇幅是爱情诗！当然，对有些弄虚作假的爱情诗他也予以批判。他读过一首古诗，其中有这样的句子：

唐棣之华，
偏其反而，
岂不尔思？
室是远而。

这几句诗的大意是：“唐棣树的花儿，在风中翩然摆动；难道我不思念你吗？只是你住得离我太远。”孔子评价说：“还是没有真正的思念。如真有爱情，还谈什么路途遥远？”

孔子之爱，可以算是典型的人道主义了。一次，他上朝回家，发现马厩失火了，他立即问：“有人烧伤吗？”至于“马”却一字不提。孔子爱人，细致入微，孔子“爱人”到对传播流言、说别人闲话的人都加以斥责。他说：“道听途说，德之贼也。”道听途说是人性的弱点，古往今来，人们大多乐此不疲。孔子把“道听途说”说成是背弃道德的行为，乍听似乎有点过分。然而细细想想，道听途说的消息往往是子虚乌有，甚至混淆黑白。道听途说者常常为虎作伥而不自知。古今又有多少人被流言中伤而含冤不白？从这个角度看，孔子出于“爱人”之心而反对“害人之举”是高瞻远瞩的。

孔子的“爱人”思想体系中，特别注重实质。换言之，不仅注重物质层面，还注重精神层面。

> 子游问孝。子曰：“今之孝者，是谓能养。至于犬马，皆能有养，不敬，何以别乎？”（《论语·为政》）

这段文字说的是子游向孔子请教孝道问题。孔子说：“现在的所谓孝子，只认为能够在物质上供养就行了。要知道，就连狗、马都能够得到饲养。假如对父母没有孝敬之心，那么供养父母与饲养犬马有什么区别呢？”

孔子的“精神赡养”主张抓住了孝敬父母的实质问题，对目前解决老龄化社会带来的社会问题大有裨益。

有关专家的研究成果也表明，“精神赡养”对于老人心理健康是至关重要的。美国心理学家摩根曾对纽约的退休老人作过调查，凡是子女或晚辈经常给予宽慰体贴，关系协调者，比那些很少得到宽慰的老人有更多的幸福感。这种幸福感对身心健康颇有裨益，由于心情舒畅，体内的生化代谢和神经调节处于良好水平，因而能够延年益寿。反之，那些得不到晚辈的敬重，老年孤独者，容易产生不良心理，这种不良心理对很多老年性疾病的发生起着推波助澜的作用。

从我国的社会发展状况来看，精神赡养的问题越来越突出。一是人口老龄化现象愈来愈严重。生活水平的提高，人们的平均寿命增加，社会人口中老年人的比例越来越大；计划生育政策的实施，家庭人口中的老年人比例也愈来愈大。有些家庭，一对年轻夫妇，却要承担四个乃至五六个老人的赡养义务。这些老人们需要得到子女儿孙的关心、宽慰，而现代社会的生活节奏加快，那些年轻的子女们为事业奔忙，有时很少有时间与老年人相处。他们有时拿出“票子”解决物质问题，至于“精神赡养”问题，则无暇顾及。当然，也不排除有些人，他们是有“暇”阶层，但他们认为，只要给足了生活费就够了，至于其他问题，则无需多虑。

基于这种现实，我们必须大力提倡孔子的主张，要求成人子女高度认识精神赡养的重要性，并通过各种手段，提高成人子女注重对父母精神赡养的自觉性。有人讲过这样一个笑话，一个干部在村民会上对年轻人讲：“你们对待父母应该像对待儿女一样。”这个笑话很短，“作者”的原意是讽刺那位干部不会说话。其实，我们从另外一个角度看，这何尝不是一句深含哲理的话。试看今日之世界，中国人有谁不爱子女如命？如果每个成员都像爱子女那样来爱父母，不仅关心其物质需要，而且关心其喜怒哀乐，百般讨好，百般满足，那么，老年人的赡养问题包括物质的和精神的，就迎刃而解了。

古人云：“天不生仲尼，万古如长夜。”这两句话自然有夸张的成分。然而，孔子思想对人类文明的演进毫无疑问是作用巨大的。就是他的“爱人”思想，我们也不妨比喻为思想史上的阳光，它是人类自身救赎的最佳途径！

总之，哲人已逝，哲思长存。孔子作为一个思想家，由于“爱人”，人而亲其道，使其思想如江河，虽受阻而仍然浩荡东流。孔子作为教育家，由于亲其生而行其道，生前虽奔波不遇，穷困潦倒，然而众多学生都追舍不去；他逝世后，学生们中许多人依墓筑庐守孝三年甚至六年而不忍去。古今为人师者，能赢得学生人心如此者，能有几人欤？

身正然后为人师

孔子的成就是多方面的。然而，他首先是一个教师，或者说，是一个优秀教师——教育家。作为教师，孔子最成功之处在于，他“千锤百炼出深山”，把自己打造得“身正学高”，德业双馨。

《伊索寓言》中有一个小故事：

一只老螃蟹当教练，教一只小螃蟹学走路。他三令五申地讲解走路要领：“要向正前方，照直里走。”可是，小螃蟹尽管默记了要领，然而，走起路来却仍然横向走。老螃蟹对学生很不高兴，免不了一顿训斥。小螃蟹心中不服，提出要老螃蟹做示范动作。老螃蟹听了，便真的做起来。结果，他仍然横着走。

这次教学活动，自然失败了。

俗话说：“上梁不正下梁歪，中梁不正塌下来。”“身正”，是一个包括执政者、教师在内的从事教化职业者首先应该具备的素质。

孔子非常重视“身正”问题。一次，季康子向孔子请教怎样治国理政：

季康问政于孔子曰："如杀无道，以就有道，何如？"孔子对曰："子为政，焉用杀？子欲善而民善矣。君子之德风，小人之德草，草上之风，必偃。"（《论语·颜渊》）

季康子向孔子请教怎样治国理政。他说："如果杀掉没有道德的坏人，亲近有道德的好人，就可以把国家治理好吗？"孔子回答说："您治理国政，哪里用得着杀戮呢？您想从善，人民就会跟着从善。地位高的人的德行好比风，地位低的人的品行好比草。风吹到草上，草就会顺风而倒。"

对于这个问题，孔子是反复强调的：

子曰："其身正，不令而行；其身不正，虽令不从。"（《论语·子路》）

子曰："苟正其身矣，于从政乎何有？不能正其身，如正人何！"（《论语·子路》）

孔子的身正，表现在注重礼仪方面。他提倡"礼仪"，自己便处处注重"礼仪"。

"细节决定成败"，孔子十分注重细节。他非礼勿视，非礼勿听，非礼勿言，非礼勿动。

他与乡人一起喝酒席散，拄杖的老人先出门，他才出门。

乡人举行驱灾祈祷的仪式，他也"从众"而穿着礼服，恭敬地立在台阶上。

有人出国，他托人代向朋友问好，也要恭敬行礼送别。

看到穿孝服的人，虽然平常交从过密，也要脸色严肃，表示哀戚。即使乘车遇到穿丧服的人，也要俯身表示敬意。

他吃饭时不交谈，睡觉时不讲话，上了车，便端正站好，把住扶手，在车子中，不四处张望，不大声喧哗，不指指点点。有时席子放斜了，他一定放正了才坐下。

他对穿衣服也很讲究：不用黑色作衣服领子、袖口的镶边，不用红色、紫色作便服。夏天穿单汗衫，出门时一定要加一件外衣。每月初一朝拜国君，要穿礼服，吊丧时不穿紫衣，不戴黑帽。

也许有些人倜傥风流，以不拘小节为荣，这也无可厚非。然而，这些人不适合做老师。教师的一个重要任务就是传授“规范”，并作出示范，因而在言行上是不能苟乱的。在日常礼仪方面，教师倘有不慎，便会损害形象。某校开文明班级表彰会，发奖时，要求被评上文明班级的班长上台领奖。恰巧某班班长生病请假，一时无人上台。校长一时生气脱口骂道：“他妈的，什么文明班级！”这位校长这一骂，不独破坏了会场气氛，更损害了自己的形象。后来，许多学生背后都戏称他为“他妈的校长”！

孔子的身正，还表现在“忠”、“恕”上。

一次，孔子对高足曾参说：“曾参啊，我的思想学说是贯通一致的。”曾参听了说：“是的。”孔子走后，其他学生弄不懂他们对话的深层含义，就向曾参求教。曾参回答说：“老师的意思是，‘忠’、‘恕’二字，是他贯串一致的基本思想。”

提起“忠”字，人们就会想到对君主俯首帖耳，无条件服从的文学史学作品中的臣子形象。其实，孔子所说的“忠”，外延是宽泛的，包括对君主、国家、民族、家庭、朋友乃至自身的态度。孔子思想体系中的“忠”字，具有中、直、敬、诚、厚、德、无私、无畏等含义。它是一种令人称道的心理素质和精神状态。

有人认为，孔子是愚忠的始作俑者。这是误解了孔子。孔子从来没有把君主的权威绝对化，从不主张君主可以掌握对臣子生杀予夺的大权，也没有提倡过对君主的权威绝对服从。相反，孔子主张臣子在实事求是的前提下，宁愿冒犯君主，也不要去违心顺从、欺瞒君主。

一次，鲁定公问孔子：“君主使唤臣子，臣子事奉君主，这种说法怎么样？”孔子说：“这种说法不准确。准确地说，君主应在使唤臣子的时候以礼相对，而臣子事奉君主应忠心耿耿。”

看，孔子的“忠”字观与“愚忠”观相去何远！千百年来，能否做到“宁犯勿欺”，是忠佞的分水岭。

战国时楚国的靳尚、唐朝的李林甫、南宋的秦桧、明朝的魏忠贤等人，无一不是讨好欺骗上级（包括君主）的好手。他们迎合君主的心意，以假话迷惑君主，从而赢得高爵显位，却给国家、民族带来了深重的灾难。楚国的郢都失陷、唐朝的安史之乱、南宋坐失收复山河的良机、明朝统治式微，不都是这些人的罪过吗？当然，这些人毕竟只是社会的一个侧面，中华民族这幢大厦向来有一些埋头苦干、不避斧钺的民族脊梁式的人物支撑。屈原忠而被谤，流放穷山荒水，仍然“直道而行”，“九死其犹未悔”；于谦在国难当头、兵临城下之际，知权达变，拥立新君，抗击外侮，取得胜利，后来虽然见害于皇家，然而“留得清白在人间”。再说现代的彭德怀，面对“大跃进”的浮夸风，忧心如焚，在全国上下一起吹牛、领袖迷失方向时，他独上万言书，其心之诚，苍天可鉴，尽管因此被批判，乃至“文革”期间惨遭迫害致死，然而浩然之气充塞天地，人们永远怀念他。或许有人说，他们直言并没有多大作用，徒落得家破人亡。我们说：否！这些直言之人虽然自身没有得到好处，却喊出了民族的心声。其声如霹雳，能打击魔鬼气焰，能呼唤时代之春！中华民族的延续、发展，他们功不可没。更何况，直言犯上者也并非都陷入厄境，也有犯上成功福泽黎民的。例如魏徵，直言常谏，匡正过失，使唐太宗成为一代明主，更重要的是使中国出现了贞观盛世，兆民受益。

"逝者如斯夫"，历史是过去的现在，现在是未来的历史。历史上演一幕幕鲜活的戏剧，每个人自觉不自觉地都在扮演着某种角色。我们应扮演什么角色？在处理上下级关系时，我们应该扮演一个直言犯上者——有功于国，有德于人！

孔子的"忠"表现在家庭中，则为"孝悌"。

孔子年幼丧父，与母亲颜徵在相依为命。自打懂事后，他就勤奋好学，并从事一些当时人认为卑贱的事，以为母亲分难解忧。

随着孔子年龄的增长，颜徵在对孔子的未来充满着信心和希望，孔子也更加发奋学习，以期将来有所作为，报答母亲的恩情。然而，"树欲静而风不止"，孔子十七岁那年，积劳成疾的颜徵在撒手人寰。孔子悲痛欲绝，倾力为母亲料理丧事。但是，他遇到了一个棘手问题。由于年幼时颜徵在就带儿子搬离了孔家，与孔家音信断绝。往事不堪回首，颜徵在直到去世时，对丈夫病逝的事都讳莫如深。因此，孔子弄不清父亲埋葬的地方。然而，父母合葬，是中华民族的传统礼仪。怎么办？孔子苦思冥想，决定出殡之日把灵柩停放在"五父之衢"，引起来往行人注意，以期征求父亲葬地的知情人。"心诚则灵"，等了一会儿，果真孔家当年的邻居“輓父之母”前来告诉孔子其父叔梁纥埋葬的地方。于是，孔子完成了父母合葬的心愿。需知，孔子当时才十七岁。他这个做法有力地诠释了“孝”字，向来为史家津津乐道。

孔子提倡的“孝”，不仅仅限于物质方面的供养，更注重精神层面的尊敬。他说：“如果对父母只满足于物质供奉，不能够从精神上尊敬老人，那就无异于饲养牛马了。算不得真正的孝敬。”而现在我们许多人对年老的父母不愿亲自侍候起居，而是花钱送到养老院中了事。如此做法，与孔子“孝”的境界相去远矣。

曾几何时，“孝”也被当作糟粕批判。实际上，这是荒唐的。我们说，“孝”是中国文化传统的重要内容之一。当然，我们不必要全盘接受，但要批判地继承。我们不必要愚孝，为父母、为君主的一己之念去牺牲，也不必要像老莱子那样，七八十岁还穿着花肚兜学儿童的顽皮样，以博父母一笑。我们提倡的“孝”，是要尽心奉养父母，和睦兄弟姐妹，顾全大局，维持家庭的安定团结。闵子骞就是如此。他之所以跪求父亲不要休妻，怕的是两个与他同父异母的孩子陷入和他一样的困境。此等孝顺，何错之有？

回头看看现实，确实有许多人不能孝顺父母。究其原因，与我们不敢进行“孝”的教育有关。长期以来，人们谈“孝”色变，对下一代缺少最基本的伦理教育，又怎能怪他们不孝顺呢？君不见社会上虐待父母，甚至杀害父母的事屡屡发生？

现在，是我们正视“孝道”的时候了。现行的中学课本，已吸纳了有关“孝”的内容，这是个可喜可贺的现象。学校教育毫无疑问是教育的主阵地，会对学生产生终身的巨大影响。我们应该把“闵子骞止父休妻”、“缇萦救父”、“木兰代父从军”等古代

"孝"的故事讲给下一代听，在他们的心灵上打下深深的烙印。

总之，家庭有孝子(女)，国家就不乏志士仁人，民族就不乏顶天立地的脊梁！

孔子的"忠"，表现在与朋友相处方面，则是敬心和忠告。

樊迟问孔子如何是"仁"，孔子说："居处恭，执事敬，与人忠。虽之夷狄，不可弃也。"

这里的"忠"，就是尽心尽力的意思。孔子非常推崇令尹子文这个人。他曾高度评价令尹子文的"忠"的品德。令尹子文是个修养极高、毁誉不惊的人。他三次被任命为令尹，并不得意洋洋；三次被免掉职务，仍坦然自如。特别可敬的是，他每次被免职离任之际，还详细地向后任交代自己的从政经验，提出建议供参考。

孔子的"忠"，对自己而言，表现在忠于职守，忠于信仰。

孔子说："吾少也贱，故多能鄙事。"孔子三岁时就死了父亲，年轻的寡母为孔家不容，带着幼子移居曲阜阙里。十七岁时，勤劳憔悴的母亲又溘然长逝。"穷人的孩子早当家"，为了维持生计，孔子少不了吃苦受累，干一些贵族不屑的"鄙事"。然而，孔子对待自己的工作绝不敷衍，反而尽心尽职。二十岁时，他当了管理仓库的小吏。然而他不倦不怠，管理得井井有条。二十一岁时，改任管理牛羊畜牧的小吏，他也尽心尽力，使牛羊膘肥体壮。

五十二岁时，孔子任鲁国大司寇，代理相国事务。一次，齐鲁媾和，两国国君在夹谷相会。孔子以大司寇身份充任鲁定公的相礼。二君相会之前，孔子认为"虽有文事，必有武备"，事先调兵遣将以备不测。果然，夹谷之会上各国想劫持定公。孔子挺身而出，以礼斥之，使齐君敬畏有加。结果齐国不仅打消了劫持恶念，订立盟约，还归还了郓、龟阴地区的土地。

孔子对虚伪是疾恶如仇的。对伪善者，他敢于揭露抨击。当时，有个国际知名的“诚信”人士叫尾生高，人们都认为他是一个“正直”的人，孔子却力排众议。孔子说：“有一次，一个人到尾生高家借醋，而尾生高家没有醋。尾生高并不以实相告，而是把邻居家的醋借来给了借醋的人。这样的人，就算不上正直的人！”

孔子教导学生直道而行，对弄虚作假、文过饰非的学生也毫不留情地批评。例如：孔子病重，子路派同学们去充当家臣，料理后事。孔子病情有所好转，说：“时间很久了吧？子路这种做法是欺诈行为呀！我没有家臣而冒充有家臣。我欺骗谁呢？欺骗老天爷吗？况且，我与其死在家臣手下，还不如死在学生的手上。再说，我即使不能按大夫之礼厚葬，难道我会死在路上没人埋吗？”

子路推荐子羔去当费县县长。（但是子羔的学业未完成）孔子说：“你这样做不是害人家吗？”子路说：“那里也有老百姓，也有政权机关可以学习的，为什么一定要读书才算是学习呢？”孔子说：“强辩！我最恨那些狡辩的人。”

孔子的学生冉有、子路都在季氏手下当官。有一次，两个人告诉孔子一个秘密：“季氏将用兵攻打颛臾。”孔子听了就批评：“冉有，这难道不是你的过错吗？颛臾，先王让他做过东蔡地区的主人。而且就在鲁国境内，是国家的重要臣属。为什么要去攻打？”冉有说：“主人要这么干，我们两个人都不主张这么做。”孔子听了说：“周任曾经说过：‘尽力而为，以求秩序；如果不能够，就该辞职。'遇到危难而不坚持，将要倾倒而不扶持，那还用你们这些助手干什么呢？再说，老虎、野牛跑出笼子，龟甲、玉石毁坏在匣中，是谁的过错呢？"冉有说："今天颛臾力量已经不小而又临近费城，现在不攻占它，以后会给子孙留下后患。"

孔子听到这里，忍不住疾颜厉色地批评他们：冉有，君子最厌恶的就是不直说想得到某种事物而找借口攫取。我听说过，无论一个国还是一个家，"不患寡而患不均，不患贫而患不安"，因为平均就不会有贫困。社会和谐了，就不存在物质稀缺，社会安定了，就不会被颠覆……你们不能帮助季氏实施仁政，却谋求在国内用兵，这太危险了！我恐怕季氏的忧患不在乎颛臾，而在自己的家门之内。

孔子在这方面不仅严以律人，也严以律己，并做到闻过则喜。有一次，陈司败问孔子："鲁昭公懂礼吗？"孔子说："懂礼。"孔子离开后，陈司败向巫马期作了个揖，请他走近自己，说："我听说君子不庇护人，难道君子也庇护人吗？鲁国国君从吴国娶了一位夫人，是个同姓女子，别人称她为吴孟子。如果说鲁君懂得礼，还有谁不懂礼呢？"事后，巫马期又把陈司败这番议论告诉了孔子。孔子听了很高兴地说："我真是幸运啊。如果有了过失，就一定会有人知道。"

榜样的力量是无穷的。"其身正，不令而行。"为师如孔子，学生又焉能不听其言，效其行？孔子门下英才辈出的奥秘，大概就在于此吧！

俯下身子教书

时下，青年人中流行一句话，叫“不跪着教书”。不少青年人讲，“不跪着教书”体现了一个教师应有的傲岸精神，与“横眉冷对千夫指”的精神息息相通。我不敢苟同这种说法。试想，教师作为一种服务性职业，始终横眉冷对领导、学生、家长，自己岂不成了一个不和谐的音符？当然，我们这里并不想就这个问题多展开讨论。不过，我们这里要提倡的是，一个教师应该具有孺子牛的精神，俯下身来教书！

其实，从古至今，名师无不是“俯首甘为孺子牛”者。孔子这位万世师表，给我们树立了高标。

一、有教无类

孔子最早提出“有教无类”的教育思想。这种思想给教师划定了道德底线，是“俯下身子教书”的具体体现。

子曰：“有教无类。”(《论语·卫灵公》)

子曰：“自行束脩以上，吾未尝无诲焉。”(《论语·述而》)

孔子"有教无类"的施教观，主张教育不分贵贱、贤愚、亲疏，只要入了师门，就应该享受同等的教育机会。孔子忠实地实行了他的主张。他招收的学生不分贵贱、贤愚、亲疏，只要入了师门，就享受同等的教育机会。他对别人说过："不管是谁，只要按规定交纳学费，我从来没有不尽心教诲他的。"孔子不仅这样说了，而且也这样做了。他招收的学生不分年龄大小，曾参、曾皙是父子俩；不分贵贱，颜回贫贱，住陋巷，箪食瓢饮，子贡"乘肥马，衣轻裘"。他教的学生中有闻一知十者，也有愚驽者，有世家子弟，也有村野匹夫，甚至鲁莽之徒。据曹尧德《孔子传》载：子路是"汴之野人"，鲁莽武夫。一次，与孔子在路上遭遇，向孔子师徒挑衅，被孔子以德感化，才拜在孔子门下的。孔子的儿子孔鲤，也受教于孔子门下。平时同学们总认为他肯定受到特殊的教诲，可是一打听，才知道孔子对孔鲤与其他学生同等相待。

"有教无类"的观点，闪烁着孔子富有创造性的思想光辉。孔子之前，学在官府，平民可望而不可即。孔子开私人办学之先河，打破了"教有类"的桎梏，在人类教育史上写下了光辉的一页。

然而，时至今日，"有教无类"的施教观还没有普遍地在教师心灵的土壤上扎根。不少教师还做不到有教无类。虽然现在的学生像孔子时代一样都交了学费，但是，教师仍然做不到一视同仁。在应试教育的背景下，教师对成绩好的学生视为掌上明珠，而对成绩差的学生却见而生厌，乃至视如寇仇。在差生那里，春风不度玉门关，休想得到教师的关照，只有批评、批评，还是批评。再说教材的选用、教学的深度，无不以优秀生为准定位，于是，差生只好当“陪读”了。特别是有些生源薄弱的学校，其高中毕业班四五百人，而每年只能考上本科七八个人；然而，学校也不惜代价，让98%的人作陪读！这叫“有教有类”！孔子有灵，知道这种情况后，也会“泪飞顿作倾盆雨”的！

更有甚者，社会不正之风也入侵教育。家长的社会地位如何，直接影响到学生在校地位和升学等级。小到排座位，大到评优、入团、入党，都变成了“有教有类”。倘若家长是干部、大款，除“束脩”之外还有“小费”，自然有好座位；倘若无权无势，再无小惠可施，对不起，打入另册，“叨陪末座”。评选“三好生”，这在高中毕业班，一度是非同小可的事。许多省市都规定，高中毕业年级的省级三好生可以加二十分投档。在一分值千金的高考竞争中，二十分近乎天文数字。它的有无，关系到考生上本科抑或上专科，上普通院校抑或上重点院校问题。于是，在不少学校，权势便发挥了作用。名额有限，家长权小者，让位家长权大的，非教师子女，让位教师子女，类别之严，泾渭分明！至于入团，也许由于指标太多，平民、贵族没有大差别；但是，入党，在中学生中指标甚少，有时成千上万个学生中只有三五个，其竞争就分外激烈了。不少学校又只好按“权”排队，让人想起了“九品中正制”，此风误国，已达到令人发指的地步！好在不少地区对这种情况已有觉察，并设法制止。近几年，有些省已经取消了给省三好生加二十分投档的优惠政策，实在是明智之举。

近几年，高校招生自主权扩大了。高校自主权很大，大到可以点招。只要你跟招生学校关系好，能够帮助学校办事或私人办事，或者肯出大价钱，差个十分八分，仍可以通过“点招”的途径，堂而皇之地登其门而入其室。

至于各种评估，把学校分为三六九等，完全是在制造不平等，使教育者想做到“无类而教”而不得。当前，教育主管部门对学校的检查评估很多，指标也很细。但我们认为，缺少考察学校和教师是否做到了“有教无类”这个环节。我们希望藉此使有教无类思想深入现代教育人之心，使教育者的爱如太阳一样普照众生。

二、肯定后进者

俗话说“一娘生九等”，神话中也有“龙生九子，各不相同”的传说。总而言之，人与人之间性别、性格、智商、情商都是有差异的。这种差异，在社会上随处可见，而在一个固定的学习集体中表现得尤为明显。在以班级授课制为教学的重要组织形式的今天，这种差异被各种考试评价彰显得一清二楚。因为优秀与否是相对的，因而，哪怕是所谓的名牌学校的重点班级中的学生成绩仍然可以分出高下优劣。作为教师，对优秀生自然是青睐有加的，而对后进者则没有耐心了。我们这里对教师歧视后进生的反面现象不想多说，而是提倡要像孔子一样关爱后进者，进而肯定后进者。

互乡难与言，童子见，门人惑。子曰：“与其进也，不与其退也。唯何甚？人洁己以进，与其洁也，不保其往也。”（《论语·述而》）

互乡是一个远近知晓的地方。这倒不是因为这地方人杰地灵，而是由于这个地方的人不通情理。许多人都不屑与这个地方人交往。可是，互乡有个少年慕名想拜见孔子，孔子非但不拒绝，反而热情接待。孔子的学生看了都感到奇怪。孔子却对学生们的态度不以为然。孔子说："任何一个人，我都希望他能够进步。互乡少年慕名求教，我拒绝人家，连话都不和人家讲，这不是太过分了吗？人家把自己打理得干干净净的来访，这一点就应该予以肯定；应该肯定'整洁'这一点的进步，不要追究他过去的脏乱。"

孔子的作为何其伟大！是的，一个人要求进步，这本身就应该予以肯定。一个人再差，其身上也有闪光点。我们不应忽视其闪光点。从某种意义上，发现后进者的闪光点加以肯定，这才是真正的教育。能够发现后进者的闪光点加以肯定的人，才能称得上真正的教育家。现代学者乐于大谈"赏识教育"，甚至有的学者以"赏识教育"理论的创立者自居。其实，孔子才是"赏识教育"理论的创始人！

生活实际中，每个人都喜欢受到别人肯定（赏识）。肯定，如一架助推器，会使人在学习、事业之路上加速前进。所谓皮格马利翁效应，其源头又何尝不可追溯到孔子？

皮格马利翁效应的总结者是美国心理学家罗森塔尔。他曾做过一个实验，对小学各年级的儿童进行"预测未来发展的测验"，然后向教师提供信息说："这些被抽查的儿童有发展的可能性。"实际上，这些孩子完全是随机抽取的，八个月后，这些孩子的智力得到了明显的提高。实验表明，教师的期望对学生的发展显然发生了影响。于是，人们根据古希腊的神话传说，称之为皮格马利翁效应。传说皮格马利翁是塞浦路斯的国王，他在雕刻一尊少女像时竟然钟情于它。然而，他的痴情感动了神灵，这尊雕像后来变成了真人，与他结为伴侣。

其实，中国古代也不乏这方面的记载，只是没有上升到理论高度而已。《绿窗新话》载：

> 唐王公远轩，因游苎罗山，闻西施遗迹，感国色埋尘，题诗石上曰："岭上千峰秀，江边细草春。今逢浣纱石，不见浣纱人。"题诗毕，回顾，见一女子，素衣琼佩，低首而谢曰："妾自吴宫还越国，素衣千载无人识。当时心比金石坚，今日为君坚不得。"自是留逾月，乃归。
>
> 后有郭素者，闻其事，留诗泉石间，巨知其数，卒无遇。无名子嘲之曰："三春桃李苦无言，却被残阳鸟雀喧。借问东邻效西子，何如郭素学王轩？"闻者莫不嗤笑。

如果以上事例是传说的话，下面不妨再看一则史料。当年，刘邦为泗水亭长，属地痞无赖一流。县令朋友吕公来沛县，县衙设宴请客，并按送礼多少决定座次。刘邦当时身上一文不名，可是他却空口对管礼簿的人报了个大数目。管礼薄的知道刘邦的厉害，只好如数登记。这样一来，按出礼多少排座次，刘邦成了上宾，位居吕公之旁，有了接近吕公的机会。宴会散后，吕公留下刘邦，对他说："我会看相术，为很多人看过相，但是没有比你的相再尊贵的了。如果不嫌弃，我有小女，愿嫁给你。"刘邦一听喜出望外，应声不迭。以情揆之，吕公所说，毫无科学根据。然而，他的话产生了皮格马利翁效应。刘邦对吕公的话自然深信不疑，因而于天下大乱时代而有图王之志，最后竟然真的当上了皇帝。

我们退一步说，从小学教育到大学教育，都只是教育的过程而不是终结；再说，学校教育也并非教育的全部。因此我们不应该片面地以学生的在校成绩判断其优劣。不少人文学科或自然学科的巨匠，在学生时代，特别是中小学时期并非考试中的优胜者。达尔文是伟大的生物学家，但是他小学的数学却是零分！再说我国的几位现代文豪吧。鲁迅先生小时候有一门功课不及格；郭沫若小学时候，一门修身课为35分，一门国文课55分；而臧克家小时候的数学成绩也不及格！倘若上述名人放在当代中国，自然是典型的差生，不要说上大学，连高中之门也会对他紧紧关闭的！国家教育部总督学柳斌谈到这种情况，显得痛心疾首。他指出："不能单纯用分数衡量人，分数既可以选拔人才，也可以埋没人才。"他还说："把一个人小时候的分数看得那么重要，那么一成不变，有多少合理性啊！"读了柳斌先生这句话，我们应该引起深思！

有人提出"后进生是一种资源"的理论，这不无道理。我们应该学习孔子，以宽阔的胸襟善待后进生，有意赏识后进生的点滴进步，使丑小鸭变成白天鹅。我们可以说，把优生教好，只需要教书匠就可以了；而把后进生转化成优秀生，则需要教育家！

三、多一点宽容精神

"人非圣贤，孰能无过？"一个人生于世上，难免犯这样那样的错误。作为学生，处于学习时期，错误更是在所难免。作为教师，应该有足够的宽容精神，应该允许学生犯错误。教师的重要职责是帮助犯错误的学生改正错误。

"过而不改，是谓过矣。"(《论语·卫灵公》)

1947年，美国一个才九岁的小女孩萨丽在地理课本上看到一张中国长城的照片。她太爱这张照片了，便把它从课本上撕了下来。由于美国的小学生在学年结束时要将课本交还学校，萨丽只好向她的地理老师摩尔太太承认错误。可是摩尔太太不仅没有批评她，反而在班上说："我从未见过一个九岁的小姑娘能如此迷恋一件遥远的事情，她一定会有所作为的。"摩尔太太允许小萨丽永远保存此书。四十三年过后，已经年过半百，事业有成的萨丽，决定实现这个童年的梦。当她把这个决定告诉年届九十的小学老师时，摩尔太太老泪纵横。1990年，风餐露宿三个月后，萨丽终于跑完了长城。

一颗宽容的心，一句鼓励的话，竟让一个人经历半个世纪而不放弃对童年梦想的追求。这，不正是一个教育者所梦寐以求的教育境界吗？

当然，宽容精神不仅是为师之必需，也是一个人立身处世的必需。也许正因为如此，孔子非常推崇宽容精神。

子贡是孔子的得意门生，才高八斗，不仅有政治、外交头脑，也有经济才能，后来成了商界巨子。一次，他向孔子请教人生修养问题："老师，有一个字可以终身奉行的吗？"孔子说："有，那就是'恕'吧。"

"恕"与现代汉语的"宽容"是近义词，常见的意义有两种：一是用自己的心推及别人的心，一是不计较(别人的)过错。善于原谅别人，在孔子看来，"恕"，是最高的心理境界。

"己所不欲，勿施于人"，在孔子眼里是"恕"的最高境界。事实也如此。自己不希望受战乱之苦，那么就不要发动使别人受苦的战争；自己不希望妻离子散，那么就不要做使别人妻离子散的事情；自己不愿意身体、精神受摧残，那么就不要干摧残别人身体、精神的事情；不愿自己的兄弟、姐妹受侮辱，那么，就不要干侮辱别人兄弟姐妹的事情……如果人人都能如此，天下何愁不太平？然而，事实上人们往往不能如此！许多人己所不欲，偏施于人！譬如说吧：有些人订了一些法律制度、道德规范，要求别人去执行，而自己却逍遥于法之外，德之外。

不计较别人的过失，原谅别人，这也是“恕”的内容。百人百性，人无完人，对别人的过失，我们能够宽容，这本身就是美德。领导宽恕下属的过失，下属知错必改，甚至知恩图报，肝胆涂地。《韩诗外传》载：

楚庄王有一次设宴宴请群臣。突然，一股大风吹来，蜡烛全部熄灭。这时，一只手向美丽的王后伸来，抓住了王后的衣服。王后非常愤怒，一把扯下了这个人帽子上的“缨”。王后把这件事告诉楚庄王，要求楚庄王立即查办。楚庄王听了，不仅不查办，还担心“绝缨”的人暴露，在蜡烛点亮之前下令所有人都把帽缨扯掉。

后来，吴楚交战，楚国失利，有一个人拼死护卫楚王。原来这个人正是宴会上的绝缨者，他是为报楚庄王不杀之恩而勇敢作战的。

“恕”应该作为解决普通人之间关系的准则。许多事情，向前一步是死胡同，向后一步即天高地阔。清人张英的做法值得提倡。张英，官至文华殿大学士、礼部尚书。相传其故乡族人修房，因占地问题与异姓邻人争执，互不相让，结果打起官司。张英在京收到了同族的人的信函，信中要他出面干预。张英接信后，立刻写诗一首，寄给族人。诗云：

千里修书只为墙，让他三尺又何妨？
万里长城今犹在，不见当年秦始皇！

张氏族人见到这首诗，深感惭愧，不再争讼。对方了解情况后，也愿重修旧好。结果，双方各让地三尺，形成了一条六尺宽的巷口。

如果我们当教师的都能像楚庄王、张英这样，还愁人际关系不好，师生关系不融洽吗？

时光如流水，说不清多少学生长大成人后淡忘了教师当初教学的内容，但是，他们不会忘记教师某一次小小的宽容。学会宽容吧，学生会对你感念一生。

四、当仁不让于师

子曰："当仁不让于师。"（《论语·卫灵公》）

教师向来被视为"传道授业解惑"者，甚至被视为人类灵魂的工程师。作为教师，往往在教学活动中居高临下，把自己扮演成为施舍者。更有的教师，在教育教学活动中唯我独尊，容不得学生半点异议。新一轮课程改革的重要目的之一就是要改变这种现象，推行教育民主，实现师生平等，使学生成为学习的主人。新课改还注重学生创新能力的培养。要实现这个目的，师生平等也是必由之路。

伟人的思想总是相通的。比孔子晚出生一百六十七年的西方哲人亚里士多德也提出了与孔子相类的论断："我爱我师，我更爱真理。"如今，两位哲人的论断的精神已融化成了哈佛大学的校训："与柏拉图为友，与亚里斯多德为友，更与真理为友。"我们衷心希望孔子的思想能在新一轮课改的土壤中生根、发芽、开花、结果。

然而，许多教师在这方面却理念落后，很难在教学活动中贯彻师生平等的理念。在这方面，我们还需要老老实实地向孔子学习。

作为一个教育家，孔子的教学思想、教学方法、教学态度都很"民主"。他采取的是茶馆式教学方法。他常与学生同坐一处，讨论问题。有时候，同在一间房子里，他与一部分学生讨论问题，还允许其他学生干别的事。例如，他与子路、冉有、公西华讨论问题，曾皙却在那里旁若无人地弹琴，直到老师点他的名，他才慢条斯理地回答。在学生面前，他并不霸道，也不老是板着面孔，有时还开个玩笑。最让人推崇的是，孔子不要求学生唯命是从，俯首帖耳，他鼓励学生勇于发表意见，甚至与老师意见相左。他鲜明地提出了"当仁不让于师"的论点。这个论点，震古烁今，历久弥新，在当今教育中也具有重大的现实意义！

"当仁不让于师"，这是一个事关人类进步的重要命题。如果在学术方面只准学生对先生的学说全盘接受，不加臧否，不辨真伪，不敢创新，那么，人类的文明就很难发展。事实上，人类的发展，就是建立在后人对前人超越的基础之上的。孔子在两千多年前能亮出“当仁不让于师”的旗帜，确实是振聋发聩的。时至今日，我们的许多教师不还要求学生俯首帖耳，唯命是从吗？不是还把教学内容当作教条加以灌输，容不得半点异议吗？有时，即使讲错了，学生斗胆指出，教师不仍会老羞成怒吗？在这种背景下，学生们性情学乖了，思想变懒了……这种情况，实在是民族的悲哀。

五、诲人不倦

一次，孔子在教学之余，自我评价说：“如果说‘圣’与‘仁’，我不敢当。我只不过是为之不厌，诲人不倦而已。”公西华听了，感慨地说：“这正是我们当学生的做不到的。”

考之事实，不唯当年的公西华做不到，后代的许多为人师者也做不到。然而，教师这个职业，却需要我们做到！

应该说，孔子能做到这一点是难能可贵的。为之不厌，诲人不倦是敬业精神的最高境界！

先说“为之不厌”。一个人当了教师，干了十年八年，学生成才了，自己出名了，还仍不满足，还能继续埋头苦干，这种人在教师中已经是凤毛麟角。反之，我们看到的是一些教师，带过两三届毕业班，出了点成绩，自认为功成名就，就不再继续钻研业务了。还有些教师，一旦评上了高级职称，也就别无所求了。其实，学无止境，教无止境，作为教师应该永不自满，始终处于“学”与“教”的动态之中。孔子当年不是希望五十岁以后能有时间研究《易经》吗？孔子不是生命不息，教学不止吗？我们今天的教师应该秉承孔子的作风，把“教书”事业进行到底。

再说“诲人不倦”。教师的生活是单调的、枯燥的，日复一日，年复一年，是很容易产生职业倦怠的。我们不少教师改行从事其他职业，并非都是为了钱，有相当一部分是职业倦怠所为。一个教师，面对一群学生，他们的资质各异，秉性各异，学习、生活上往往会给教师带来各种各样的难题，不少教师对此会深感厌倦。

如何克服这种现象呢？教师要具备“二心”：爱心和事业心。有了爱心，就会全身心投入工作，有了事业心，就会把工作当成生活的需要，从而乐此不疲。

经过几代人的努力，中华大地才基本得以普及九年制义务教育。义务教育的成果要巩固、发展，亟需有一支“为之不厌，诲人不倦”的教师队伍。我们希望每一个为师者都能“从我做起”，汇木成林，汇水成海……

走出职业伦理误区

教师，在传统观念的“干部”这个队伍中，是一个最庞大的群体。从道德、伦理方面考察，他们应该如何定位？

或许有人说，这个问题已经解决了。教师，毫无疑问应该是“太阳底下最光辉的职业”，应该受到全社会的高度尊重。

或许有人说，教师在中国，自古伦理定位就很恰当：“天地君亲师”。师与天地君亲并列，这是理所当然的。

诚然，说教师是太阳底下最光辉的职业，这是现代伟人的名言；把师与天地君亲并列，这是古训。目前为止，还没有人对这种说法提出不同意见。

不过，我们认为，问题恰恰出在这里。上述判断给教师的伦理定位太高，而教师也乐于、惯于在心理上定位于此；然而，实际情况却大相径庭。当教师的伦理定位观念与现实对撞时，教师的心理便严重失衡——

实际上，学生对教师非但不与“亲”（父母）相提并论，甚至不以长辈视之。他们希望与教师平等相处。然而学生这种心理，教师往往熟视无睹；大部分教师以父母自居，动辄训斥、体罚学生。学生对他们不仅不恭，甚至有时还采取过激的报复手段。

这样一来，有些人便骂人心不古，叹师道不存，怨学生“朽木不可雕”，悔错选职业入师门。

某位伟人为了振兴教育，提倡尊师重教，说教师是太阳底下最光辉的职业，这本是无可非议的。不过，我们教师不应以此自居。七十二行，行行都有其职业的特殊性，行行对社会都不可或缺。教师不应以老大自居。试想，没有官员，天下无人治理行不行？没有军队外御侮内戡乱行不行？没有医生防疫保健，救死扶伤行不行？没有农民种地，无食无衣行不行？……即使是清洁工，也是重要的。不堪设想，一个没有清洁工的城市会脏到什么样子。

然而，有些教师却偏偏认为自己的职业最崇高、最伟大，相应地也就要求最丰厚的报酬，最高的政治地位。然而，这种要求却无法实现。教师的经济地位在众多行业中只居中下游水平。由于教师也属于“干部”之列，许多教师就跟公务员攀比，认为应与之平起平坐。但事实上不是一回事。目前的许多乡镇级甚至村级干部出则轿车，居则宾馆，吃则饭庄，而许多高级教师、教授却身居陋室，菜无兼味，出行还得挤公共汽车。不少教师面对这种现状愤愤不平，认为天道不公，于是便千方百计改行从政或经商。至于工商、税务、金融、供电、邮电，在教师眼中，理应“低师一等”，然而其待遇却“高师一等”，教师的心理因此则更难承受了。特别是不少教师教过的学生刚毕业进入这些部门工作，工资就比从教半生的老师还高时，老师更怨天尤人了。

无庸讳言，教师队伍中不乏路瓦栽夫人那样的心高命薄者，不乏琵琶女那样的自怜身世者，更不乏祥林嫂似的逢人诉说不幸者。

其实，教师的地位在中国历史上从来就没有高过。就说孔子这位至圣先师吧，当年带领弟子周游历国，有时候连续几天饿肚子，“惶惶若丧家之犬”。

考之事实，历史上不独孔子，其后学中做教师的社会地位又何尝高过？就说唐朝大文学家韩愈吧，他当了国子监博士（注：国子监，唐朝时国家主管教育的官署），家境却贫寒异常：“冬暖而儿号寒，年丰而妻啼饥。”他写过一篇《送穷文》，旨在送别贫穷，但穷却伴其终生。他四十多岁时，就老态龙钟，秃了顶，掉了牙。

至于近代也没听说教师地位高过。“家有三斗粮，不当小孩王。”这首解放前流传的歌谣，是那时教师地位低下的真实写照。

认识到这一点，有利于我们走出怪圈。

其实，我们不妨胆子大一些，把师生关系与市场中的顾客与商贩类比。商贩凭货物换取顾客手中的钱；教师凭借知识换取学生与国家的钱，本质上没有什么不同。如果教师把自己的伦理定位放到这个基点上，那么我们就不再奢求社会的厚遇，学生的驯从了。我们要设法像商家那样提高服务质量，招徕顾客。这样一来，我们的工作态度解决了，我们的心理也平衡了。原先心中的不平之气，就会烟消云散。

如何解决教师伦理定位太高、心理失衡问题？最根本的方法是引导教师走出虚幻的伦理楼阁，脚踏实地看世界，看自己，找准自己的位置。

在这方面，我们应该向孔老夫子学习。孔夫子对教师这个职业的认识是清醒的。他开坛讲学，并非在搞义务教育，而是要学生交纳束脩（干肉）的。他认识到既然选择教师这个职业，就等于选择了清贫，因而，在陈蔡地连续七天饿肚子也无怨无悔。他“安贫乐道”，敬业爱生，诲人不倦，因而成为万世师表。

再说，由于现在是信息时代，知识产生、更新的速度加快，我们教师即使想保住古代的伦理位置，也得不断进修、学习才行。古代知识信息的传播渠道单一，文化知识传播主要是靠师徒口耳相传。在这种情况下，教师的作用相应大一些。到了现代，信息传播的沟渠纵横，各种视听手段，如电视、广播、录像、因特网等传递信息迅捷、形象，打破了教师传递信息的一统地位。许多人不通过教师的直接传授，仍能通过其他途径学到知识，掌握技能。这样一来，教师的作用相对受到削弱。因而，要保住现有的地位，作为教师，也非得努力不可。我们教师应该站在教学改革的前列，不断地用现代科学文化知识武装自己，以博得学生的尊重。惜乎，不少教师疏于进修，靠大学的底子吃饭，因而在教学中显得捉襟见肘，难免引起学生的轻视。孔子还打算五十以学《易》，注重进修，我们许多教师四十则言老，而不求上进了！不少老教师当年一度辉煌过，而现在却不受学生欢迎，原因就在于此。

另外，教师要做好心理自我调适。作为教师，应多看看自己工作条件优于其他行业的地方，保持良好的自我感觉，否则，身在教师队伍，心在高待遇行业，整天忧心忡忡，岂不是自我折磨？柯云路在《情商启蒙》中举过一个例子：

> 前面很多人在排队买票，你站在后边，排队要等两小时，你很矛盾，想到前边插队又没有勇气，就这么排着又很烦躁，心不甘情不愿。这两小时一直在自我折磨之中。

这个例子很能说明问题，我们教师中有很多人正是处于这种折磨之中，何苦呢？孔子说："贤哉，回也！一箪食，一瓢饮，在陋巷，人不堪其忧，回也不改其乐。贤哉回也！"(《论语·雍也》)孔子还说过："饭蔬食，饮水，曲肱而枕之，乐亦在其中矣……"(《论语·述而》)孔子对那些不安于贫穷的人是看不起的。他说："士志于道而耻恶衣恶食者，未足与议也。"(《论语·里仁》)

我们何不学学这位至圣先师最得意的弟子？幸福是一种感觉，颜回是最先寻找到这种感觉的人。我们也应该寻找这种感觉。

至于有人说，教师的收入与身边的其他行业相比，对比鲜明，你能闭目不见、闭耳不听、闭心不想吗？我说，未尝不可。记得有这样一个故事：有人问一个和尚："天香国色的美女与你相对而坐，你能不为之情动吗?"和尚回答说："能。"这个人问诀窍何在。和尚说："我看到眼前的美女，我马上想到她会老的，一个丑陋的老太婆有什么值得动心的？再进一步想，老太婆又会死的，会成为一堆白骨的，一堆白骨有什么美可言？这样一想，自然就心神安定，不为情动了。"这种方法，不妨称为"老僧入定法"。其实，孔子也有类似的方法。

子曰："吾未见刚者。"或对曰："申枨。"子曰："枨也欲，焉得刚。"(《论语·公冶长》)

这几句翻译成现代汉语为：孔子说："我没见过刚毅不卑躬屈膝的人。"有人回答说："申枨不是刚毅者吗?"孔子说："申枨这个人啊，欲望太多，怎么称得上刚毅呢？”看，孔子提倡“无欲”。“无欲则刚”——人到无求品自高。“无欲”是世俗的“入定大法”！

教师，大抵上算得上孔子时代的“士”吧。孔子说过：“士而怀居，不足以为士矣。”我们采取代换法可以说：“师而怀居，不足以为师也。”

有人认为，这种说法不唯老旧，而且有点阿Q精神的味道，那么，我们不妨再看一看著名特级教师魏书生接受采访时说过的一番话：“教育就是这个活儿，干教育别想发财，想发财，别干教育，以这种平平常常的心态，高高兴兴的心情，干实实在在的事情，尽到人生的责任，也享受人生的乐趣。”

以上所说，广大教师看了，也许不服气。但是本人作为一名教师，甚至忝列特级教师之列，绝无拆教师台的意思。笔者只是出于忧患意识，直陈己见，希望同行们认清现实，不为传统的伦理定位所累，轻轻松松地工作、生活。此等苦心，天地可鉴。

以德为先育英才

德、智、体、美、劳诸育和谐发展，是我国教育方针的主要内容。在诸育关系方面，以德为先，或曰以德育为首位，是我国一贯的教育思想。

以德为先的办学思想是有历史渊源的。孔子时代对此就有明确的认识。孔子认为，作为一个年轻人，做到了孝悌、严谨、诚实、博爱而又亲爱仁慈，并在这方面行有余力，然后才可以去学习文化知识。孔子的话正体现了“以德为先”的思想。孔子的学生子夏对“德”与“才”的评价进一步发挥了孔子的思想。子夏认为，一个人如果在道德修养方面达到了一定的程度，即使没有读过书，也可以看作有学问的人。反之如何呢？子夏没有说，不过，我们不妨补充完整：一个人即使学富五车，如果不具备基本道德修养，也可以视为没有学问。

或许有人要问：“德智”并举不更好吗？我们说，这当然是好事，如果二者不能兼得，我们还是要舍鱼（智育）而取熊掌（德育）的；因为“道德可以弥补智慧的缺陷，而智慧却永远弥补不了道德的缺陷”（但丁语）。总而言之，“以德为先”是我国优良的教育传统，也是我国现行的办学思想，是不容置疑的。

当然，由于“应试教育”作祟，“德育为先”的办学思想一度被某些教育工作者忽视。有些人认为，文化学习是有硬性指标的。中考、高考是要看成绩的，而德育是软的，只要管理严一点，学生在行为上不出事就行了。因而，德育在某些地区或学校说起来重要，干起来次要，做起来不要。对学生的评价，只看智育而忽视德育乃至体育。这样一来，不少学生在学习上是个巨人，而道德上却是个侏儒。甚至有的老师，只把培养学生考高分升大学作为唯一目的，以致在思想鉴定时弄虚作假，报喜不报忧。有一个流传甚广的笑话，说的是有一个学生品行不端，有小偷小摸行为。老师在为其整理高考档案作思想鉴定时，不直书其事，而是写道：“该生手脚麻利。”凡此种种，乍看似爱护学生，实际上是坑害学生。

现在，教育战线提倡“素质教育”，是医治“重智轻德”的良方。我们广大教育工作者理应从应试教育的泥潭中拔出脚来，全面实施素质教育，落实德育的首要地位，着力培养德才兼备的新人。如果还有人执迷不悟，把德育看得无足轻重，那真是愧对古人、也愧对来者的行为。

下面，我们不妨浏览一下孔子有关德育教育的思想。

一、义利面前取舍有度

子曰：“君子喻于义，小人喻于利。”（《论语·里仁》）

子曰：“君子怀德，小人怀土；君子怀刑，小人怀惠。”（《论语·里仁》）

以上两则语录，集中反映了孔子的义利观。毫无疑问，孔子提倡君子之德应“喻于义”，以“义为先”；君子之德应关于道德法度而非产业实惠。

当然，孔子并非不食人间烟火的神仙，他不反对君子谋利，只是提倡在义利冲突时要以义为先，乃至舍利取义。他还说过：

> 富与贵，是人之所欲也，不以其道得之，不处也。贫与贱，是人之所恶也，不以其道得之，不去也。（《论语·里仁》）
>
> 子曰：“富而可求也，虽执鞭之士，吾亦为之。如不可求，从吾所好。”（《论语·述而》）

孔子不仅不反对别人富贵，自己也向往富贵。他认为，如果可以取得富贵的话，即使是为别人执鞭赶车的下等差使他也干。青少年时代，孔子为了谋求富贵，确实干了许多“鄙事”，例如为别人家料理丧事、管理仓库等。然而，如果需要用不正当手段取得，他却不干。不正当手段取得的富贵，对他而言则如烟云一样。退一步说，即使当今人看来是正当的事情，孔子生怕伤害别人也不愿干。他自己认为，在法律诉讼方面他有出众的才能，从事这个职业自然比“执鞭”体面得多。但是，他并不热衷于此，他希望天下不发生诉讼案件，宁愿自己才无所用，过着清贫的生活。

自古“笑贫不笑娼”，孔子却提倡“安贫乐道”。他认为不能以正当手段改变贫穷现状，安于贫贱也是美德。他认为吃穿住条件即使很差，其中也有乐趣。如果有人声言有志于追求真理，但却又以吃穿条件差为耻，那连话也不值得与他说了。因为这种人容易为利所诱而改变初衷。

其实，利与害如祸福相依，有些“利”如“毒药”，不辨青红皂白地接受反受其害。比孔子稍晚的列子深知这个道理。

列子当年穷困潦倒，面有饥色。郑国相国子阳听人说列子有贤德，就派人送来粮食。列子却拒之于门外。列子知道，子阳并非敬贤爱贤之辈，他这种做法是沽名钓誉，接受了这种人的粮食，会沾惹是非。列子的妻子眼见到手的粮食又丢掉了，不无埋怨地说：“只听说有道德有才学人的老婆子女，都能过上快乐安逸的日子。可你，把我们一家子养得只有皮包骨头了。当权的宰相既然已派人来慰问，又送粮食给我们，你为什么偏偏不接受呢？你自己不要紧，难道家中老小性命也不要？”列子笑着向妻子解释道：“宰相并不是真正了解我，只不过听别人夸奖我，他才叫人给我送粮食。现在救济我是如此，如果一天有人在他面前说我的坏话，他必然依别人的只言片语来加罪于我。这怎么能行呢？这就是我不接受粮食的理由。”不久老百姓起来反抗，杀死了子阳。列子虽然穷困，却依旧平安，美名远扬。

二、勤俭朴素志向高远

“勤俭是美德，劳动最光荣”，这是上世纪常见的一副对联，这确实是至理名言，与李商隐的名句“历览前贤家与国，成由勤俭败由奢”有异曲同工之妙。或许有人认为，时过境迁，老调有必要重弹吗？否！我们认为“勤俭”永远是必要的，无论一个社会或家庭多么富足。孔子对此认识尤为清醒，一部篇幅不长的《论语》中就有多次论述：

子曰："奢则不逊，俭则固，与其不逊也，宁固。"（《论语·述而》）

子曰："以约失之者鲜矣。"（《论语·里仁》）

子曰："管仲之器小哉！"或曰："管仲俭乎？"曰："管氏有三归，官事不慑，焉得俭？"（《论语·八佾》）

孔子认为生活奢侈会导致骄傲，生活过分俭朴会导致执拗。与其奢侈骄傲，不如勤俭而执拗。因为勤俭而犯过失的人很少很少，而奢侈不犯过失的人也很少很少。

管仲为一代名臣，孔子平常对他是推崇的，然而，由于他生活奢侈，孔子便批评他器量太小。

关于孔子勤俭朴素的思想，宋代的司马光可谓得其精髓。司马光厉行节俭，以勤俭之道教诲子孙，身后无余财。他的《训俭示康》是古今论节俭的经典之作，我们不妨译录于下：

我本来出身于贫穷的家庭，一代一代都以清白的家风相继承。我生性不喜欢豪华奢侈，从婴儿时起，长辈把饰有金银的华美的衣服加在我身上，我总是害羞地扔掉它。二十岁那年忝列在进士的科名之中，参加闻喜宴时，只有我不戴花。同年说："花是君王赐戴的，不能不戴。"我才在帽檐上插上一枝花。我一向衣服只求抵御寒冷，食物只求饱肚子，也不敢故意穿肮脏破烂的衣服以违背世俗常情，表示与一般人不同求得名誉，只是顺着我的本性行事罢了。

许多人都把奢侈浪费看作光荣，我心里独自把节俭朴素看作美德。别人都讥笑我固执，不通达，我不以此为缺陷，回答他们说：“孔子说：‘与其骄傲，不如固执，不通达。’又说：‘因为俭约而犯过失的，那是很少的。’又说：‘读书人有志于真理，却以吃得不好、穿得不好、生活不如别人为羞耻，这种人是不值得跟他谈论的。’古人把节俭作为美德，现在的人却因节俭而相讥议，认为是缺陷，嘻，真奇怪呀！”

近年风气尤其奢侈浪费，当差的大都穿士人的衣服，农夫穿丝织品做的鞋。我记得天圣年间我的父亲作群牧司判官时，客人来了未尝不摆酒席，但有时斟酒三次，有时斟五次，最多不超过七次就不斟了。酒是向市上买的，水果限于梨、栗子、枣、柿子之类，下酒菜限于干肉、肉酱、菜汤，食具用瓷器和漆器。当时士大夫人家都这样做，人家并不讥笑非议。那时会聚次数多而礼意殷勤，食物少而感情深厚。近来士大夫家庭，酒如果不是照官内酿酒的方法酿造的，水果、下酒菜如果不是远方的珍贵奇异之品，食物如果不是很多品种，如果不是摆满桌子，就不敢约会招待客人朋友。为了约会招待，往往先要用几个月的时间准备，然后才敢发请柬。如果有人不这样做，人们都争着非议他，认为他没有见过世面、舍不得花钱。因此不跟着习俗顺风倒的人就少了。唉，风气败坏得像这样，居高位有权势的人虽然不能禁止，难道能忍心助长这种恶劣风气吗？

又听说从前李文靖公做宰相时，在封丘门内修筑住宅，厅堂前面仅仅能够让一匹马转个身。有人说它太狭窄，李文靖公笑笑说：“住宅是要留给子孙的，这里作为我当宰相的厅堂，确实是狭窄，但是将来用作当太祝、奉礼的我的子孙的厅堂却已经宽敞了。”参政鲁公当谏官时,真宗派人紧急召见他,后来在酒馆里找到他。鲁公入宫以后,真宗问他从哪里来,他如实地回答。皇上说:“你担任的官职属于清望官,为什么在酒馆喝酒?”他回答说:“小臣家里贫寒,客人来了没有食具、下酒菜、水果,所以就到酒馆请客人喝酒。”皇上因为鲁公没有隐瞒,越发尊重他。张文节当宰相时,自己生活享受一如以前当河阳节度判官时一样,亲近的人有的劝他说:“您现在领取的俸禄不少,可是自己生活享受却像这样节俭,您虽然自己知道自己确实是清廉节俭的,外人对您却很有讥评,说您如同公孙弘盖布被那样矫情作伪,您应该稍稍随从众人的习惯做法才好。”张文节公叹息说:“我今天的俸禄这样多,即使全家穿绸缎的衣服,吃珍贵的饮食,还怕不能做到吗?但是人们的常情常性,由节俭进入奢侈是容易的,由奢侈进入节俭却困难了。我今天的高俸禄哪能长期享有呢?我自己的健康哪能长期保持呢?如果有一天我罢官或病死了,情况与现在不一样,家里的人习惯于奢侈生活已经很久,不能立刻节俭,那时候一定会因为挥霍净尽而弄到衣食无依,何如不论我做大官或不做大官,活着或死亡,家中的生活标准都固定像同一天一样呢?”唉,大的有道德才能的人的深谋远虑,哪里是凡庸的人所能比得上的呢!

御孙说:“节俭是各种好品德的共有特点,奢侈是各种罪恶中的大罪。”“共”就是“同”,是说有好品德的人都是由节俭而来的,因为节俭就少贪欲。有地位的人如果少贪欲,就不为外物所役使,不受外物的牵制,可以走正直的道路。

没有地位的人如果少贪欲，就能约束自己，节约用度，避免犯罪，丰裕家室。所以说：“节俭是各种好品德的共有特点。”如果奢侈就会多贪欲。有地位的人如果多贪欲，就会贪图富贵，不走正路，最后招致祸患；没有地位的人如果多贪欲，就会多方营求，随意浪费，最后败家丧身；因此，做官的如果奢侈，就必然贪赃受贿，在乡间当老百姓的，如果奢侈就必然盗窃他人财物。所以说：“奢侈是各种罪恶中的大罪。”

古时候正考父用稀粥维持生活，孟僖子因而推知他的后代必定有显达的人。季文子前后辅佐三位国君，他的妾不穿丝绸，马不喂小米，有名望的人认为他忠于公室。管仲使用刻有花纹的食具、红色的帽带，住宅有上边刻着山岳的斗拱，上边画着水藻的梁上的短柱，生活奢华，孔子看不起他，批评他见识不高。公叔文子在家里宴请卫灵公，史鳍知道他一定将要遭到灾祸，果然，文子去世后，文子的儿子公孙戍就因为富裕招罪，出国逃亡。何曾一天吃喝要花一万个铜钱，到了孙子这一代就因为傲慢奢侈而家人死光。石崇以奢侈浪费来向人夸耀，终于因此而死在刑场上。近年寇莱公的豪华奢侈，在当代人中堪称第一，但是因为他的功业大，所以人们不批评他。可是他的子孙习染他的家风，也豪华奢侈，现在多数穷困。其他因为节俭而立下好名声，因为奢侈而自招失败的事例还很多，不能一一列举。上面姑且举几个人用来教诲你。你不仅本身应当履行节俭，还应当以节俭教诲你的子孙，使他们了解前辈的生活作风、习俗。

三、追求真理执著无悔

有位哲人说过:“人不能光靠吃米活着。”人还有许多高层次的精神方面的追求。真理,是客观事物及其规律在人们头脑中的反映。要想真正认识她是极不容易的。她只青睐那些认真实践、执著思索的人们。数不清有多少仁人志士为探索真理、捍卫真理而上下求索,虽九死而犹未悔。且不说布鲁诺殉道的烈火、谭嗣同菜市口喋血的刀光……孔子也是这样一位探索者!他渴望真理,胜过珍惜自己的生命。他说:“朝闻道,夕死可矣。”他不仅这样说了,也这样做了。他生于乱世,对诸侯纷争、“礼崩乐坏”的社会局面不满,便怀着匡正天下的理想探索“挽狂澜于既倒”的良方。他出任国家司法长官,诛杀了乱政惑民的少正卯;他参与夹谷会盟,力挫齐王,捍卫了鲁国的尊严。当政治主张不被统治者采纳时,他便愤然离去。他设帐授徒,传播学术薪火;他率徒周游列国,寻觅思想的知音;他穷古追今,寻觅真理的源头!他颠沛流离,有匡地被围之险,陈蔡绝粮之厄,但是为了获取真理,他却“衣带渐宽终不悔”。

古今中外,有许多志士仁人,为了追求真理,坚持真理,不惜献出青春与生命。塞尔维特是西班牙著名的生理学家。他写了一部论战性的巨著——《基督教的复兴》,提出了新的血液循环理论,驳斥了教会视为神明的盖仑的伪科学。

原来,古罗马有一位名医叫盖仑,他提出血液是肝脏制造出来的,通过血液流向全身,被身体各部分吸收,一去不再返回。当时,教会把一切学术纳入神学范围,谁否认这个理论,就要受到教会的制裁。可勇于追求真理的科学家塞尔维特，经过几十年的深入钻研，大胆地向盖仑的理论提出了挑战。他认为，人体中的血液是循环流动的，血液先从心脏的右心室流出来，经过肺，再流回心脏的左心室，这就是著名的血液肺循环理论。它的理论，使教会心惊胆战，先是收买塞尔维特，封官许愿，被他严辞拒绝，教会便把他抓起来，软硬兼施，希望塞尔维特放弃"异端学说"，但塞尔维特毫不动摇。1883 年 10 月 23 日，他被教会处以火刑。临刑前，神父说："只要你宣布放弃自己的学说，现在还来得及！""不，这是不可能的，我深信自己的学说是正确的，我愿为真理而死，来吧，烧吧！"塞尔维特坚持真理，至死不移。

要使我们的国家、民族在竞争中立于不败之地，需要我们具有孔子般的执著追求真理的精神。从某种意义上说，获取了真理，就会给个人、团体乃至整个民族、国家带来希望。曾记否，上世纪七十年代末关于真理标准的大讨论？这场讨论，使我们的国家和民族打破了"两个凡是"的桎梏，冲破了思想的樊篱，走上了改革开放的光明大道。难以想象，如果不是邓小平为首的老一代革命家挺身而出，探索真理，坚持真理，我们国家今天会是什么样子！

人们对客观事物及其规律的认识，有一个由远及近，由浅入深的过程。因而，真理是动态的、相对的，不是绝对的。我们应该保持永远进击的精神，不断探索客观事物及其规律，发现真理，为人类的发展作出应有的贡献！

孔子的话应该成为我们的座右铭——"朝闻道，夕死可矣！"

四、力戒骄傲去虚荣

骄傲与虚荣，是人类劣根性的反映。人们往往自觉不自觉地染上这种毛病。孔子对这种毛病予以无情的抨击：

子曰："如有周公之才之美，使骄且吝，其余不足观也已。"(《论语·泰伯》)

看，孔子认为，某个人即使有周公那样完美的才能，如果有骄傲、吝啬的毛病，别的方面也就不值得一提了。

子曰："衣敝缊袍，与衣狐貉者立，而不耻者，其由也与？"(《论语·子罕》)

孔子这段话树立了一个能够远离虚荣心的正面典型——子路：子路能够穿着破旧的丝绵袍子同穿着狐貉皮裘的人站在一起而不觉得惭愧。孔子认为，能够做到这种程度的，在他所认识的人中大概只有子路一人。

孔子为什么如此反对骄傲与虚荣？就因为这两者是败身败国的恶德。

数不清有多少个人或团体，由于"骄傲"而功败垂成。明末农民起义领袖李自成便是一个反面典型。李自成揭竿起义，一呼百应，摧枯拉朽，以至直捣京城，逼得崇祯皇帝自缢于煤山。然而，当他一旦入主北京，便骄傲起来。放着穷寇不追，外敌不御，忙于享受做皇帝的滋味。结果在内忧外患之前丧失了战斗力，由虎变鼠，一路败退，殒命九宫山。上世纪四十年代，郭沫若写了《甲申三百年祭》一文，总结了李自成失败的惨痛教训。毛泽东对此很重视，把这篇文章作为延安整风的重要文件，要求全党认真学习。即使在中国革命取得了决定性胜利后，他还告诫全党戒骄戒躁。“谦虚使人进步，骄傲使人落后”，这是他留给后人的箴言。

至于虚荣心，不仅降低人的道德品位，还会给个人、集体乃至国家民族带来灾难。

莫泊桑的《项链》艺术地反映了虚荣心对个人的危害。小说中的路瓦栽夫人，生得一副漂亮面孔，因而爱慕虚荣，心仪贵妇人的生活。可是，她心比天高，命比纸薄，却嫁给了一个小书记员，过着不太宽裕的日子。一次，丈夫接到部长的请柬，邀请他们夫妇参加舞会。为了参加这次舞会，她用掉了丈夫的积蓄，又借了女友的精美的项链。舞会上，路瓦栽夫人出尽了风头，但是，乐极生悲，她不慎弄丢了项链。她只好借债赔偿项链。为了还债，她省吃俭用，过着下等人的生活，十年辛苦，才还清债务……一朝风光，十年艰辛，这教训够沉重了。清末的慈禧太后，在国库空虚，列强虎视之际，却不从国家利益考虑，为了给自己过寿，竟挪用军费。她的虚荣心得到满足了，但是，军队的装备、给养不足，御敌无力，使国家饱受欺凌。她的虚荣心是以国家的尊严作代价的！至于社会上的芸芸众生，因为虚荣心而做出有失人格、国格的事就不胜枚举了。

正因为虚荣心的危害如此之大，所以，从孔夫子到当代的有识之士无不极力反对。现在，许多国家都注重加强对学生的勤俭朴素教育，引导学生克服虚荣心。有些国家规定大学生一律剃光头,借以打消其虚荣心。有的国家规定小学生乘公共汽车即使有座位也不能坐。我们国家提倡学生穿校服,这也是克服学生虚荣心的好方法。无论性别、家庭的社会地位、经济条件怎样,一律穿校服,这就有利于平等精神的培养,也有利于打消某些学生的优越感。上述这些工作都是必要的。不过,我们在这方面还应努力探索,寻求更为有效的教育途径。

五、成人之美为君子

"成人之美"是一个使用频率颇高的成语,它最初出自孔子之口。孔子说:"君子成人之美,不成人之恶。小人反是。"

看来,人不分老幼,不分男女,不分中外,对成人之美这句话是认同的。但是,事实上如何呢?事实上,不少人抱着成人之美之心,干的却是成人之恶的事。譬如说:甲乙两个人在那里打架,丙与甲熟悉,恰好路过这里,便拔刀相助,结果乙被送上了西天。这一来,乙死于非命不说,丙死有余辜不说,甲也要陷入牢狱,其恶谁成之?丙成之者也!丙事实上在成人之恶!再说有些干部曾经廉洁自律,为人民立过功。但是,就是一帮亲友"帮忙",使他用"权力"换取金钱。结果一旦败露,铁窗下悔恨已晚。试问其恶谁成之?亲友也!当年那个红塔集团的老总,中外知名的企业家,倒在谁手下?夫人!小姨子!子女!

因此,成人之美,要分清什么是美才是,不要成人之恶而不觉!成人之美与助人为乐是两回事!那种为朋友斗殴拔刀相助,那种为当干部的亲友收贿牵线搭桥者就是美恶不分的。反之,如果见到亲友有受贿的苗头马上劝止,这才叫成人之美。晋人陶侃的母亲就是这样一个典型。一次陶侃派人送了一瓦罐鱼制品给母亲谌氏。谌氏把瓦罐原装不动退了回去，并附信责备陶侃说："你做县吏，把公家的东西送给我，不但不能使我受益，还要增加我对你的担忧。"鄱阳孝廉范逵有一次路过陶家，当时天正下大雪，谌氏便抽出自己床上刚铺的新草，亲自铡碎喂范逵的马，又悄悄剪下自己的头发卖给邻居，置办酒菜招待客人。范逵听说后，感动地说："没有这样的母亲，就不会有陶侃这样的儿子。"陶侃最终以政绩显著而闻名于世。陶侃之母算得上成人之美的良母！

当然，分清"美恶"，并不是一件容易的事情。所以孔子所说"成人之美"者必非君子而不可，至于"小人"，只有"成人之恶"了。这就是说，要想成人之美，还必须提高自己的修养，努力使自己成为品行高尚的君子。否则，不识真善美，何以成人之美？当然，作为"君子"，不仅要成人之美，还要不成人之恶。那种哥们义气、不分是非的做法，是君子不取的。所以，君子们在义利面前、是非面前是立场坚定的。为了成人之美，两肋插刀甚至临危授命也无所不可。反之，成人之恶，虽酬谢千金而不屑。

成人之美，应该是无私之举。施恩图报却是小家子气了。这种人，即使当时有成人之美之举，但是动机不纯，徒有其名而已。我们常听有人讲，"某某当年幸亏我提拔，可是现在把我忘了"。或者说："我在他困难时在经济上给予了极大的帮助，现在他阔了，不理我了。"看，这种人是利用手中的金钱与权力放"高利贷"，哪里谈得上是君子！

这里不妨再重申一下，成人之美并非易事。非君子不识真善美，难以成人之美；非君子不能无条件无私地成人之美。欲成人之美，请先为君子！

六、严于责己，宽以待人

子曰："躬自厚而薄责于人，则远怨矣。"(《论语·卫灵公》)

孔子这句话的意思是，如果你严于律己，宽以待人，就会远离别人的怨恨。孔子之所以这样说，是因为"严于律己，宽以待人"是人间美德，它如春阳可以化雪，如春风可催绿。

揆之现实，芸芸众生，很少有人能做到"严于责己"，倒是"严以律人"。

有的领导者，台上讲话，方针、政策、原则条分缕析，检查工作这不对，那不行，百般挑剔；发指示，甲乙丙丁，子丑寅卯，头头是道；批评人，疾言厉色，慷慨激昂，义愤填膺。然而，自己做事却忘记了方针、政策、原则，忘记了指示、批评的内容，恣意妄为，无所不用其极。也有些被领导者，对领导评头品足，百般挑剔，牢骚满腹；对社会愤世嫉俗，仿佛"众人皆醉我独醒"；但是，做起事来，无利不往，廉耻皆忘。有人形容这些人说："端起碗来吃肉，放下碗来骂娘。"这样的领导，这样的下属，如何能远"怨"？

因此，我们要大兴"严于律己，宽以待人"之风。同志之间，要多看别人的长处。要发现别人的长处，欣赏别人的长处，对别人的缺点，要有宽容精神。面对自己，则要处处严要求，时时自省。周恩来总理的一生堪称这方面的典范。他在中国现代革命史上屡建奇勋，但是不居功，不自傲，工作有问题，主动承担责任，甚至委曲求全。对他人，他却宽厚待之。就连病重期间在医院里，对医护人员的工作也不求全责备。正因为如此，周总理赢得了全国人民乃至世界人民的爱戴！

现代社会的特征是时间、空间距离相对缩小，人际、国际交往频繁。在交际活动中，人与人、国与国之间的不同风俗、信仰、制度难免碰撞。这时候，就需要我们“躬自厚而薄责于人”。只有这样，地球村中的居民们才能相安无事！

千教万教教人求真

“千教万教教人求真”，这是现代教育家陶行知的名言，也应该是教育工作者奉行的圭臬。“求真”，我们不妨理解为探求真理，讲究真实，追求真善美，创造真善美。在物欲横流的今天，求真教育显得尤为重要。

孔子就是这样一位教人求真的至圣先师。“知之为知之，不知为不知，是知也。”《论语·为政》中的这句话是孔子处世的信条。几千年来，知道这句话的人很多，然而，能按这句话做的人却很少。

一个人一旦成了名人，往往会自觉得了神通，无所不懂，无所不能。他们或为学者，或为官吏，海内海外或忙于飞行演说，或随处指手画脚，发号施令，结果往往说外行话，做外行事，贻笑大方不说，更会影响工作的开展，乃至带来重大的政治、经济损失。

非独名人如此，许多半瓶醋式人物何尝不如此？我们不难见到集会场所（如酒宴）的某些人包揽话题，唾星四溅。这些人十有八九属于半瓶醋式“人物”，而真正有知的人反倒显得木讷无知！

可悲的是，这些所谓名人或非名人(半瓶醋)往往惯于虚张声势，故弄玄虚。他们东扯葫芦西拉瓢，即使不能自圆其说也不以为耻。他们好为人师，“勇”于为人决疑。有一个笑话讽刺这种人：有一个半瓶醋外科医生，开业不久，接收了一个有箭伤的病人，箭头扎在大腿里。病员疼痛难忍，要求立即动手术。他也没怠慢，拿来锯子，把露在皮外的箭杆锯下来，然后说：“好了，手术完毕。”病人说：“里面的还没取出来哩。”这位医生说：“那是内科的事了，不要找我！”

而孔子这样的人绝不如此，他们懂就是懂，不懂的弄清楚再告诉别人，哪像这个不懂装懂的外科医生！孔子曾经意味深长地告诉学生：“我有知识吗？没有。有个乡下的农夫问我问题，我一时却难以搞清楚，费了好大力气弄懂以后才告诉他。”孔子不仅承认自己无知，还举了一个例子作佐证。我们说，这正是有知的表现。儒学史上有一个著名的公案，那就是樊迟问稼问圃这个问题。樊迟请教种庄稼问题，孔子回答说：“我不如老农。”樊迟请教种菜问题，孔子回答说：“我不如老圃。”尊孔者说，孔子之所以不回答，因为孔子的教育目的是为了培养当官做吏的人，樊迟的问题超纲了，所以孔子不回答；反孔者说，孔子之所以不回答，是由于孔子轻视劳动人民。两种说法是耶非耶我们姑且不论，我们认为，这里还有一个重要原因，那就是孔子因为“不知”，于是就不妄加谈论。

孔子不独不妄谈稼穑之事，还不妄谈生死命运、怪力乱神之事：

子不语怪、力、乱、神。(《论语·述而》)

子罕言利与命与仁。(《论语·子罕》)

可惜,现在许多人将迷信裹上科学的外装,大言不惭地兜售,他们与孔子相比,是何等卑微!

实事求是,反对弄虚作假,是孔子的一贯作风。孔子认为,没有假装有,空虚假装充实,贫穷假装豪华,这种人称不上"善人",因为这种人是难以保持操守的。

一次孔子病重,子路派同学前往充当家臣,准备后事。后来孔子病情好转了,不仅不领子路的情,还批评他说:"这样做是在欺骗谁呢?欺骗上天吗?"

一次,子路向孔子请教如何事奉君主,孔子认为,对君主,宁愿冒犯他,也不要欺骗他。

孔子对学生要求极严。子路推荐子羔去费县当县长。孔子认为子羔学业未完成,能力不济,去当县长是坑害人,因而坚决阻止了这件事。

孔子的这种行动,肯定会在学生心灵上引起震撼。我们今天有些教师相形之下便显得卑微了。有些高校的导师明知自己的研究生不合格,却千方百计疏通关系,"确保"其论文答辩通过。至于中学教师,平时对一些表现不好的同学,一到写学业评语时也宽容起来,"隐恶扬善",把"豆腐渣"说成"一枝花"。据说有一个学生偷窃成性,屡教不改;然而学习成绩不错,能够考上本科学校。校长为了学校高考多上一个本科线,便责成班主任一定要写好评语,班主任只好违心遵命。好在班主任是个语文教师,苦思冥想之余写道:"该生热衷社会工作,经常串村走户;身体健康,手脚麻利。"

看，孔子倘若地下有知，当作如何感想？

历史上有不少人出身低微而日后飞黄腾达。这种人往往对自己的出身讳莫如深。一些重权在握者，甚至因为别人偶然触犯而置人于死地。秦末的那个陈胜当初为人佣耕，曾对伙伴们发出“苟富贵，毋相忘”的倡议。后来，他果然发迹称王了。一班穷兄弟不忘旧约，找上门来，起初也受到优待。但是，这班兄弟不识相，竟毫无顾忌地谈起陈胜当年困厄的往事。消息传到陈胜耳朵里，陈胜便送他们上了西天。明朝的朱元璋小时当过和尚，当了皇帝后十分忌讳。许多臣子奏折中涉及相关的词语，诸如“光”、“秃”之类，便会被视为忤逆，成为刀下之鬼。

而孔子却能够坦荡地对待自己的出身：

> 太宰问于子贡曰：“夫子圣者与？何其多能也？”子贡曰：“固天纵之将圣，又多能也。”子闻之，曰：“太宰知我乎？吾少也贱，故多能鄙事。君子多乎哉？不多也！”（《论语·子罕》）

看，本来太宰视孔子为圣人，钦佩他的博学多能。子贡听了，自然为老师吹嘘一番。然而孔子知道子贡与太宰的对话后，并没有飘飘然，反而冷静地说：“我小时候贫贱，所以才多掌握了一些技艺。一般的君子要不要多能呢？我看不一定要多能！”看，孔子是多么讲究真实！孔子这样的人才算得上真人。

孔子是一个主张孝道的人。但是，在孝道方面，他是求真的。他不主张勉为其难尽“孝”。古代传说的“老莱子彩衣娱亲”、“王祥卧冰求鱼”之类的事，是与孔子求真精神相违背的。

对那种为了满足于父母物质需求而为非作歹的事他是不屑一顾的。他特别强调的是精神赡养。

孟懿子问孝。子曰:“无违。”樊迟御,子告之曰:“孟孙问孝于我,我对曰‘无违’。”樊迟曰:“何谓也?”子曰:“生,事之以礼;死,葬之以礼,祭之以礼。”(《论语·为政》)

子游问孝。子曰:“今之孝者,是谓能养。至于犬马,皆能有养。不敬,何以别乎?”(《论语·为政》)

这段话的大意是:孟懿子向孔子请教孝道。孔子说:“孝就是不要违背礼节。”樊迟替孔子赶车,孔子便告诉樊迟说:“孟孙向我请教孝道问题,我告诉他说孝就是不要违背礼节。”樊迟听了有些不解,又问道:“这是什么意思?”孔子说:“父母活着的时候,按礼节侍奉他们,去世后按礼节安葬他们,按礼节祭祀他们。”

子游请教孔子关于孝道的问题。孔子说:“现在所谓孝子,只认为能够在物质上供养就行了。要知道,就连狗、马也能够得到饲养。假如对父母没有孝敬之心,那么,供养父母与饲养犬马有什么区别呢?”

孔子强调精神赡养,是透过现象看本质的真见解。美国心理学家摩根曾对纽约的退休老人作过调查,凡是子女或晚辈经常给予宽慰体贴,关系协调者,比那些很少得到宽慰的老人有更多的幸福感。这种幸福感对身心健康颇有裨益,由于心情舒畅,体内的新陈代谢和神经调节处于良好水平,因而能够延年益寿。反之,那些得不到晚辈的敬重,老年孤独者,容易产生不良心理。

这种不良心理对很多老年性疾病的发生起着推波助澜的作用。

我们认为，子女只有对父母从精神上赡养，才能算得上“真孝顺”。孔子的这项“求真”成果应该为国人继承和发扬。

孔子的“求真”还表现在承认与学生的差别。一次，孔子对子贡说：“你与颜回相比谁强些？”子贡回答说：“我怎么敢与颜回相比。颜回听说一个道理可以推知十个道理，我听说一个道理只能够推知两个道理。”孔子说：“是的，你赶不上他，我和你都赶不上他。”

一个老师往往会居高临下，傲视众“生”。能够公开承认自己不如学生，即使在主张师生平等的今天，也是难能可贵的。

孔子的“真”，从审美的角度讲，表现在热爱自然，崇尚安乐的生活上。

一次，孔子与子路、曾皙、冉有、公西华几个学生在一起。他要求学生各人谈谈自己的志向。子路、冉有谈的是治理国家的事，公西华谈的是宗庙会同方面的事，孔子听了没有表现出多大的兴趣。对于子路要用三年时间就能把一个有千乘兵车，处于内忧外患之中的国家治理好的说法，他不以为然。但是，他对曾皙的话却极尽赞赏之能事。那么，曾皙说了些什么？原来，曾皙的理想是投身自然，春日畅游。他描述了一幅春游图：“暮春三月，莺飞草长，春风习习，柳丝依依。这时候穿上刚刚做好的春衣，带上五六个小伙子，六七个小孩子，到沂水中洗个澡，到舞雩台上吹吹风，乘兴回家，留下一路歌声……”孔子听了，不由拍案叫绝，明确表态说：“我赞成曾皙的！”

春秋末期，礼崩乐坏，臣乱君昏，你攻我伐，尔虞我诈，沧海横流。孔子欲挽狂澜于既倒。他奔走呼号，然而统治者对他的主张“敬而远之”。孔子半生奔波，到头来，不仅没有实现政治思想，反而受尽冷落。从君主不用到匡地被围，到陈蔡绝粮，到狂人接舆、荷蓧丈人之讥，往事不堪回首。然而，孔子凭借着一种殉道精神，“明知不可而为之”，仍然在崎岖的宣教道路上奔波。但是，众里寻他千百度，“乐土”在何处？随着年老体衰，孔子难免也有些茫然。因此，当曾皙把一幅春游图展现在他面前时，孔子兴奋了。这不是一幅世界太平图么？景物无限好，老少咸自由，不就是儒家的理想境界吗？不就是人类的终极追求吗？真，莫过于自然；美，莫过于自然。曾皙的春游畅想图是真与美的结合，因而得到孔子大力赞赏！

作为“真人”的孔子，他有自己的富贵观。他曾说过：

> “富而可求也，虽执鞭之士，吾亦为之。如不可求，从吾所好。”（《论语·述而》）
>
> 富与贵，是人之所欲也，不以其道得之，不处也。贫与贱，是人之所恶也，不以其道得之，不去也。（《论语·里仁》）

孔子不仅这样说，也是这样做的。孔子五十二至五十五岁曾任鲁国大司寇，并代理相国职务，使鲁国大治。齐国害怕鲁国强大，便设计败坏鲁国政治。齐国经过商量，还是决定先瓦解鲁国国君“斗志”。于是，选派了几十个锦衣美女、九十六匹肥壮的马馈赠鲁君季桓子。季桓子欣然接受，接下去便耽于声色犬马，一度连续几天连上朝的惯例也免了。孔子本来可以与之同流合污，然而孔子洁身自好，远离荒淫。这样一来，鲁君也就渐渐疏远这位大司寇了，以至连按例供给的“膰肉”也不分给孔子了。孔子失望之余，便毅然挂冠离开父母之邦，开始了周游历国的艰苦历程。

“富贵不能淫，贫贱不能移，威武不能屈”，孟子这几句话可以视为对“真人”的总结，而引用这几句话来评价孔子，则是再贴切不过的了。

教师为学有路径

把自己打造成学者型教师乃至教育家，这是教师们的普遍愿望。然而，普天之下，教师千千万万，成为学者型教师乃至教育家的又有几人？原因何在？为学有径，为学有路。只有沿着为学之道，善于攀登的人才能摘取成功的果实。现在，不少人在研究“名师之路”，间或也有文章或专著出现。然而，对名师成功因素的探讨大多缺乏典型性，甚至真实性，不足以仿效。窃以为，还是孔子的为师为学之道，典型真实，易学易行。

一、学贵有恒

子曰：“圣人，吾不得而见之矣，得见君子，斯可矣。”

子曰：“善人，吾不得而见之矣；得见有恒者，斯可矣。亡而为有，虚而为盈，约而为泰，难乎有恒矣。”（《论语·述而》）

孔子非常推崇有恒心的人。他说：“善良的人我不能看到他们了；能够见到有恒心的人，这就可以了。”孔子为什么如此推崇有恒心的人呢？因为“有恒”是天下千行万业成功的基石。成功，犹如高山奇葩，人人希求，但不是人人都能得到的。想摘取成功的奇葩，既要有攀登险峰的能力，还要有努力不懈之心，即“有恒”。而从某种意义上讲，“有恒”显得更加重要。“骐骥一跃，不能十步，驽马十驾，功在不舍。”这是荀子的名言，讲的也正是“恒心”的重要性。

考之史实，那些成功者，谁没经过一番刻苦奋斗？大禹治水九年，吃尽千辛万苦，屡次失败而不悔，三过家门而不入，终于治水成功，并受禅为天下之主。司马迁醉心撰写史书，查访古迹，风餐露宿不说，甚至含羞忍耻接受“宫刑”，始终“痴心不改”，终于写成“无韵之离骚”——《史记》。陶宗仪“黄叶著书”，几十年不辍，终于写成《辍耕录》。张溥生来不聪慧，但他读书刻苦，每篇文章必抄七遍，十年寒窗，以勤补拙，终成大家……

有恒，也是节操的表现。正如孔子所说：“没有却假想有，空虚却故作充实，贫穷却装成豪华，这种人是很难做到有恒的。”因为这些人是急功近利的，他们学习上不愿“皓首穷经”，工作时不愿埋头苦干，更谈不上为某种信仰、事业而献身。他们中出不了大禹、司马迁，也出不了苏武、岳飞、文天祥……

从教师的角度讲，孔子就是一个有恒的典范。他一旦选择了“民办教师”这个职业，终身不辍，死而后已。由于政治原因，他万不得已离开父母之邦，浪迹诸侯，历尽千难万险，吃尽千辛万苦，有时连续几天饿肚子，甚至遭受围攻，生命危在旦夕，然而他始终没有放弃教育教学活动，唯其如此，他才能拥有弟子三千，唯其如此，他才能够高屋建瓴地讲学论道，创立儒家学说，终成万世师表。

作为教育工作者,我们应该成为一个"有恒者"。当然,这不仅仅是自己成为名师的需要,也是培养人才的需要。因为榜样的力量是无穷的。一个有恒的教师,必将培养出一大批有恒的成功学生!

二、独立不迁

子曰:"君子和而不同,小人同而不和。"这句话意思是:"君子讲协调而不盲目附和,小人盲目附和而不讲协调。"

孔子这里讲的是不要盲目附和别人。人们历来视为为人之道,为学之道。当然,为人与为学有时是密不可分的。

社会发展的历史表明,新生事物大多会受到陈旧保守势力的敌视。正直之士也往往会受到小人的谗毁、打击。这就需要新生事物的创造者、代表正义的人士们具有独立不迁的精神。否则,一旦向世俗乃至邪恶屈服,新生事物就会夭折,正直人士也会蜕变。

世界之所以能进步到今天,其重要原因就是无数志士仁人独立不迁的精神。

战国时代的屈原,爱国心诚,忠心为国,然而为投降派谗毁,遭放逐之苦,然而他"众人皆醉我独醒","虽九死其犹未悔"。他赋《橘颂》以言志,诗云:

> 后皇嘉树,橘徕服兮。受命不迁,生南国兮。深固难徙,更壹志兮。绿叶素荣,纷其可喜兮。曾枝剡棘,圆果抟兮。青黄杂糅,文章烂兮。精色内白,类任道兮。纷缊宜修,姱而不丑兮。嗟尔幼志,有以异兮。独立不迁,岂不可

喜兮？深固难徙，廓其无求兮。苏世独立，横而不流兮。闭心自慎，终不失过兮。秉德无私，参天地兮。愿岁并谢，与长友兮。淑离不淫，梗其有理兮。年岁虽少，可师长兮。行比伯夷，置以为像兮。

屈原塑造了橘树这个“独立不迁”的艺术形象，又何尝不是夫子自道？

至于五四时期的“白话文”运动，发轫之初，何尝不备受攻击？男女同学制度何尝不受阻挠？马寅初的计划生育理论，何尝不受批判？就是“文革”结束后的各种改革开放政策，不也是一度受到习惯势力的抵制吗？曾几何时，农村实行土地责任承包制，多少人感叹：“辛辛苦苦三十年，一夜回到解放前！”事实证明，面对阻挠，坚持这一切才是正确的抉择。

要想做一名优秀教师，无论大学教师，还是中小学教师，都应在人格上、学术上具有独立不迁的精神。

花花世界，物欲横流，而教师注定是一个清贫的职业。作为一个教师，如果没有安贫乐道的独立精神，就很难致力于教育教学教研工作，就无法有效地承担起传承、传播人类文明星火的光荣使命。无庸讳言，现在不少教师热衷于明里暗里的商业活动，如各种竞赛培训班、家教等，无心钻研业务，无心著书立说，严重违反了教师职业道德，影响了教师的良好形象。

至于学术问题，独立精神尤为重要，目前各种教学流派、教学理论纷呈，鱼龙混杂，令人眼花缭乱。我们如果没有独立精神，全盘接受，那无异于让别人在你的大脑中跑马，结果会使一片茂盛的绿洲变成一片尘土飞扬的废地。如果你不认真辨析、择善而从，而乱学一气，结果则必是邯郸学步，迷失自我。

大凡有作为的人，都能自己独立思辨，在继承的基础上有所创新，有所发展。就拿儒家的至圣先师孔子和亚圣孟子为例吧。孟子之所以成为“亚圣”，在于他不迷信孔子，并有独立的思想。孔子是坚决反对以臣伐君的，而孟子却明确主张“为君昏庸，臣可伐之”。他竭力推崇武王伐纣之功。他认为纣王无道，已成独夫民贼，人人可得而诛之。

三、让学生乐学

身为人师，无不想教有所成。许多教师为了搞好教学成绩而殚精竭虑，然而，结果往往是回报小于付出。究其原因，与学生没有“乐学”(以学习为乐)有关系。

孔子说得好：“知之者不如好之者，好之者不如乐之者”。“乐之”，是学习的最高境界。教师的重要任务，是调动学生的学习兴趣，使学生乐学。

如何使学生乐学呢？这倒是一门学问，也应该是一个重要的研究课题，牵涉到教育改革、课程设置、教材编写等诸多方面。对于这个问题，作为一名教师应该从如下方面入手。

首先，教师应“乐业”。一个教师，只有对自己的工作充满热爱，对学生充满关爱，才能赢得学生的尊敬、亲近。而只有亲其师，方能信其道。试想，当年的孔子如果不能“诲人不倦”，学生又焉能崇拜他？又焉能置颠沛流离于不顾去追随他？

当然，作为一个教师，自身的素质提高十分重要。首先，教师要有良好的心理品质，健康向上、积极乐观。教师要掌握教学艺术，通过各种教学媒体，调动学生的学习积极性，创设使学生

"乐学"的情境。教师要知识渊博，妙"舌"生花，语言幽默，广征博引，博喻深析，使学生如坐春风，如饮甘醇，如聆佛音。教师还应循循善诱、宽容大度、与生为善、与生交友，创造一种师生和睦的局面。只有在这种情况下，学生"乐学"才能成为现实！

四、千古学问在一问

学问，学问，学习就是要问。问，是求学的重要方式。孔子之所以能够集中国春秋文化之大成，其秘诀就在于"问"。我们可以肯定地说，千古学问在一问。然而，在实际生活中，人们很难做到好问。特别是做教师的，往往更以不知为耻，因而也以问为耻，遇到问题，生怕向别人求教暴露了自己的无知。其实，这都是虚荣心在作怪。无论做人或学习，都应实实在在。

不懂就问，久而久之，必定学识丰富。不懂而不问，只好不懂，久而久之，就会成为寒伧鄙陋之人。诚所谓"圣益圣，愚益愚"。

孔子之所以能够成为万世师表，原因就在于他敢问、勤问、善问。

> 子入太庙，每事问。或曰："孰谓鄹人之子知礼乎？入太庙，每事问。"子闻之曰："是礼也。"（《论语·八佾》）
>
> 子贡问曰："孔文子何以谓之'文'也？"子曰："敏而好学，不耻下问，是以谓之'文'也。"（《论语·公冶长》）

孔子到太庙助祭，每事问，有些人见了讽刺他不懂礼，而孔子知道后说："这正是礼呀！"孔子是把"问"提到"礼"的高度来认识的！那个讽刺孔子的人，不懂得“每事问”的好处，犹如燕雀笑鸿鹄，河伯笑海若。

孔子主张不懂就问，不仅向地位高于自己的人问，也要向与自己地位平等的人问，而且还要向比自己地位低下的人问。孔子特别推崇不耻下问的精神，他认为，孔文子之所以得到“文”这个谥号，其重要原因就是能够做到“不耻下问”。孔子曾向郯子、苌弘、师襄请教问题，据说还向一个叫做项橐的小孩耐心请教！

古代有许多“一字师”的典故，都反映了古人好问好学的精神。五代诗僧齐己作了一首《早梅》诗，其中两句为：“前村深雪里，昨夜数枝开。”但他总觉得有些不妥，便向郑谷请教，郑谷建议改“数”为“一”，齐己一听十分佩服，马上把“数”改为“一”。时人称郑谷为齐己的一字师。杨万里谈到《搜神记》作者，误把干宝说成“于宝”。一个小吏当场指出，杨万里高兴地称小吏“汝乃吾一字之师”。现代词学大师夏承焘在研究词学过程中，除了利用书信的形式四处求教，还特地外出访师问友。近代文坛先辈吴梅、夏敬观、冒广生、蔡嵩云、陈匪石、马一浮等，他都登门拜访。对于一般的词学同行，他也虚心求教。当他闻知扬州任中敏、南京唐圭璋于词学素有研究，就马上与他们取得联系，共同探讨问题。

当今信息化社会，知识传播渠道很多，学生的知识量很大。一个教师，面对几十个学生，难免有“不知”之处。倘能不耻下问，肯定会受益良多。当今为师者，能够不耻下问者太少了。可是，我们可以肯定地说，没有不耻下问精神的教师是不会成为一个最优秀的教师的。

教学有法无定法

一、因材施教讲“差异”

教育，是人类最复杂的工作。它的复杂过程甚至是任何一门制造专业工作（包括卫星、飞船）所难以比拟的。因为教育对象千差万别，教育者不能也不应该采取单一的方法或标准去施教。

人之千差万别，就如自然界生物的类别、品种一样。如玫瑰花与大白菜，大象与松鼠，小草与大树，我们怎么能简单地“一视同仁”呢？一个学生的几句话很耐人寻味：

——爸爸，妈妈为什么总逼我考前几名？

——为什么给我报那么多的特长班？

请听听孩子的心声：

因为我是菊花，所以别让我在夏天开花；因为我是白杨，所以请别指望从我身上摘下松子。

有些教师讲究对教育对象“同一要求，人人平等”。其实，这种做法忽视了学生的个性差异，在平等的外衣下掩盖了不平等！

正因为如此，教育界把“因材施教”作为重要的施教原则。由于“材”的不同，我们的教法也应因人而异。

说起因材施教，我们不得不首推孔子了。孔子无论教育自己的学生还是在社会活动中“教育”君主，都能“因材施教”。

一次，公西华等人陪孔子聊天。子路问了孔子一个问题：“听到自己应当做的事可以立即就干吗？”

孔子听了，正颜厉色地说：“家中有父兄在，怎么能不征求他们意见，自作主张呢？”子路听了诺诺而退。

一会儿，冉求也来请教孔子，提的问题与子路完全一样。而孔子听了却说：“听到自己应该干的事可以立即去干。”冉求听了，欣然而去。

一直侍候在侧的公西华十分诧异，便问孔子：“两个同学请教同一个问题，为什么老师的答案迥然不同呢？”

孔子听了，语重心长地告诉公西华，“冉求性格懦弱，平日遇事畏葸不前，我就激励他遇事果断；而子路性格鲁莽好胜，勇于作为，我就给他泼点冷水，教导他遇事谨慎。”

孔子对向他请教问题的国君也是如此。叶公子高就如何主持国政的问题请教孔子，孔子说：“好的行政在于使近处的人高兴，远处的人归顺。”

鲁哀公就如何主持国政的问题请教孔子，孔子说：“好的行政在于选用贤才。”

齐景公就如何主持国政的问题请教孔子，孔子说：“好的行政在于节俭财用。”

三位君主出去后，子贡问：“三位君主同样就行政问题请教先生，先生却用不同的话回答他们，这是什么原因呢？”

孔子说：“叶国都城大而国家小，百姓有背离之心，所以我对叶公说‘好的行政在于使近者高兴，远者归顺’。鲁哀公有三个大臣，他们对外阻碍和拒绝来自四方诸侯国家的有志之士，对内勾结在一起愚弄他们的国君，将来导致宗庙无人打扫、社稷之神无人供奉的，一定是这三个人，所以我对哀公说‘好的行政在于选用贤才’。齐景公修筑雍门，建造路寝之台，仅一天就多次动用大笔资金行赏，所以我对他说‘好的行政在于节俭财用’。”

一部《论语》，字数并不多，然而却较为详尽地记载了这两个故事，说明了什么？说明“因材施教”是孔子最重要的教育思想！

某种意义上说，教育如治病。高明的医生治病时也是“因人施治”的。三国时期的神医华佗，便是“因人施治”的高手。一次，府吏倪寻、李延一起找华佗看病，病情都是头疼发烧。华佗诊断说：“倪寻应用泻药，李延应用发汗药。”一旁有人听了，不服气，就诘问华佗。华佗说：“两个人身体状况不同，一外实，一内实，所以治疗方法也应不同。”于是还是给两个患者开了不同的药。结果是两人吃了药，第二天一早都好了。

以初三的男生和女生为例：女生成熟早些，性格大多内向、好静，而男生成熟迟一些，大多活泼、单纯。我们处理问题时就不能不考虑这些因素。有一个初三班主任，与学生约法三章，迟到的学生必须说明原因才能进课堂。一次开班会，有三个学生迟到：一个男生，两个女生。班主任要他们说明原因。男生直率地回答：“拉肚子，上厕所迟到了。”于是，男同学进了班，而两个女同学也是同样原因，但她们害羞说不出口，结果被拒之门外。这两位女同学岂不冤枉？我们有理由指责这两个女生不该害羞么？其实，学校处理学生早恋问题，也可以因人施教的。曾有这样一个事例：一对非常著名的科学家夫妇，春节回家拜访当年中学时代的一位班主任。班主任非常高兴，设宴招待当年的学生。席间推杯换盏，其乐融融。酒过三巡，男科学家微醺，笑问班主任："老师，我们中学时代就谈恋爱了，您当时察觉吗？"班主任听了笑道："当然知道。""那么您当初为什么不批评我们？"老师听了感慨地说："中学谈恋爱有两种类型，一种是沉沦型，一种是激励性。前者男女生不能自拔，不仅影响学习，甚至会产生其他恶果，必须疏导、制止。而后者，为了使自己值得对方爱，积极向上，学习、处世上会比平时更好。对这种类型的学生，教师可以熟视无睹。而你们，就是这种类型的。"夫妇听了，热泪盈眶。他们从心里感谢这位对学生恋爱采取"因人而异"的处理方法的老师！如果换上一个思想作风简单的班主任，他们不仅不会"有情人终成眷属"，甚至会受到打击，连学业都受到影响，日后成不了科学家！

再说，即使都是男同学或女同学，彼此之间也存在着种种差异，不能强求一律。还以女生为例：一个城里的女生，性格可能活泼、开朗些，一个农村的女生，性格可能内向、质朴些；一个成绩好的女生，自信心可能强些，一个成绩差的女生，自卑感可能大些；一个演奏家的女儿，可能偏爱音乐，一个文学家的女儿，可能偏爱文学，一个飞行员的女儿，可能迷恋航模制作……对这些"这一个"，我们都不能搞"人人平等"。我们应该根据各自的特点，因势利导，因材施教。

由此看来，我们应该尊重学生个性差异，把“因材施教”的原则时时记在心上。

二、启发式与讨论式交汇

启发式与讨论式教学法，向来为教育界推崇；而近年来，则达到了无以复加的地步。

《中共中央、国务院关于深化教育改革，全面推进素质教育的决定》中指出：“智育工作要转变教育观念，改革人才培养模式，积极实行启发式和讨论式教学，激发学生独立思考和创新的意识，切实提高教学质量。”

把启发式和讨论式作为教学方法，写进政党和国家的重要文件，并决定推广实行，这是史无前例的。

启发式与讨论式确实是调动学生的主观能动性，发挥学生主体作用的极佳的教学方法。孔子早在两千多年前就把启发式与讨论法作为教学的主要方法。尤其值得赞赏的是，他把二者熔铸一体，“你中有我，我中有你”，为后人创立了成功的范例。这里，我们不妨看一下他的一段教学实录：

> 子路、曾皙、冉有、公西华侍坐。
>
> 子曰：“以吾一日长乎尔，毋吾以也。居则曰：‘不吾知也！’如或知尔，则何以哉？”子路率尔而对曰：“千乘之国，摄乎大国之间，加之以师旅，因之以饥馑；由也为之，比及三年，可使有勇，且知方也。”夫子哂之。“求！尔何如？”对曰：“方六七十，如五六十，求也为之，比及三年，可使足民。如其礼乐，以俟君子。”“赤！尔何如？”对曰：“非曰能之，愿学

焉。宗庙之事，如会同，端章甫，愿为小相焉。”“点！尔何如？”鼓瑟希，铿尔，舍瑟而作，对曰：“异乎三子者之撰。”子曰：“何伤乎？亦各言其志也。”曰：“莫春者，春服既成，冠者五六人，童子六七人，浴乎沂，风乎舞雩，咏而归。”夫子喟然叹曰：“吾与点也！”三子者出，曾皙后。曾皙曰：“夫三子者之言何如？”子曰：“亦各言其志也已矣。”曰：“夫子何哂由也？”曰：“为国以礼，其言不让，是故哂之。”“唯求则非邦也与？”“安见方六七十如五六十非邦也者？”“唯赤则非邦也与？”“宗庙会同，非诸侯而何？赤也为之小，孰能为之大？”（《论语·先进》）

为了阅读方便，我们不妨把这段文字译成白话文：

子路、曾点、冉有、公西华陪孔子坐谈。孔子说：“我不过大你们几岁，不要因为我是老师，就不敢畅所欲言了。你们平常说，‘没有人了解任用我’，如果有人了解任用你们，想干什么事情呢？”子路听了，立即回答说：“有千辆兵车的国家，夹在大国的中间，外有别国军队的威胁，内有严重的饥荒。要我来治理，只要三年，就可以使老百姓勇敢无畏，而且明白道理。”孔子听了，露出一丝讥讽的笑意。“冉有，你怎么样？”冉有回答说：“方圆六七十里或五六十里的小国，让我治理的话，三年之后，可以使老百姓富足。至于推行礼乐，那就只有等待君子了。”“公西赤，你怎么样？”回答说：“不敢说能够干什么大事业，而是愿意学习。举办祭祀仪式或者接待外宾时，我愿穿着礼服礼帽，做一个小小的司仪。”“点，你怎么样?”曾点正在轻轻弹琴，铿然一声停下来，丢开琴起身作答说：“不同于他们三个人所讲的。”孔子说：“那有什么关系？不过是各人谈谈自己的志向罢了。”曾点说：“暮春时节，春装做好了，和五六个成年人，六七个少年，在沂水边洗澡游水，在祭坛下乘凉，然后唱着歌回家去。”孔子叹口气说：“我赞成曾点的话。”那三个人出去了，曾点走在后面。曾点问道：“他们三个人讲的怎么样?”孔子说：“不过是各人谈谈志向罢了。”曾点说：“老师为什么哂笑子路呢?”孔子说：“治理国家，应讲礼让，他的话不谦逊，所以我笑他。”“那冉有讲的不是治理国家之事吗?”“哪有六七十里或五六十里而不是国家的?”“那公西华讲的并非治理国家之事吧?”“祭祀宗庙，会见外宾，不是国家的事是什么？公西华说自己只能做小司仪，谁能做大司仪呢?”

仅凭上面这段文字，我们就可以窥见孔子运用启发式与讨论式教学之一斑。

(1) 选准话题，开启心扉。孔子的讨论题目是“如果你们被了解，被任用，做了官，你们会干些什么?”这个话题学生感兴趣，因而四个学生先后敞开心扉，畅所欲言，打开了话匣子。

(2) 以学生为主体，教师重在点拨。孔子注重发挥学生的主体作用，鼓励学生充分发表意见。子路在发表意见显得不谦逊，孔子没有当即劈头盖脸地批评，只是微“哂”而已。即使对曾皙的发言心中赞赏，也不大发议论，占领教学空间，也只是用四个字来表达：“吾与点也。”然而，一哂一叹之间，态度明朗，褒贬分明。学生从中受到了启发。

(3) 环境宽松，不求一律。孔子组织讨论，是在一种宽松的气氛中进行的，并不要求学生正襟危坐、诚惶诚恐。如果学生中有人对发言内容不感兴趣，也允许他做别的事。“实录”中的曾皙，对别人的讨论并不是专心致志地听，而是在一边弹他的琴。直到其他人发言结束，孔子点名他才发言。孔子并不认为曾皙这样做违反了教学纪律，因而也没有批评曾皙。反之，由于曾皙回答得好，他还热情地予以表扬。

(4) 注重启发，循循善诱。孔子主张“不愤不启，不悱不发”，学生不到苦苦思索而不得其解，想表达却又苦于无恰当语言形式的时候不去讲给他听。孔子在讨论时尤其注重这个问题。从“实录”中可见，几个学生讲完以后，孔子并没有多作议论。直到曾皙有意落后请教时，他才简明扼要地加以点拨。孔子在回答问题时，并没有大讲特讲。曾皙笼统地问三个人的发言情况如何，他只是说：“只不过是各言其志罢了。”当曾皙进一步探究时，他才具体加以分析。今人童书业认为，“孔子是在用苏格拉底式的方法教人。”

《论语》中类似的片段不少，充分反映出孔子启发式和讨论式两种教学法运用得娴熟、自如，我们不再赘述。我们只希望今天的教师能够静下心来研究，把孔子启发式与讨论式教学方法有效地运用于教学实践。其实，孔子的启发式与讨论式教学法，一直被其后学们实践运用着。《红楼梦》中记载着一段贾代儒的教学实录，我们从中可以窥见孔子教法传承的影子。

《红楼梦》第八十二回：

直到红日高升，方才起来。宝玉道：“不好了，晚了！”急忙梳洗毕，问了安，就往学里来了。代儒已经变着脸，说："怪不得你老爷生气，说你没出息。第二天你就懒惰，这是什么时候才来！"宝玉把昨儿发烧的话说了一遍，方过去了，仍旧念书。到了下晚，代儒道："宝玉，有一章书你来讲讲。"宝玉过来一看，却是"后生可畏"章。宝玉心上说："这还好，幸亏不是《学》《庸》。"问道："怎么讲呢？"代儒道："你把节旨句子细细儿讲来。"

宝玉把这章先朗朗的念了一遍，说："这章书是圣人勉励后生，教他及时努力，不要弄到——"说到这里，抬头向代儒一瞧，代儒觉得了，笑了一笑道："你只管说，讲书是没有什么避忌的。《礼记》上说'临文不讳'，只管说，'不要弄到'什么？"宝玉道，"不要弄到老大无成。先将'可畏'二字激发后生的志气，后把'不足畏'三字警惕后生的将来。"说罢，看着代儒。代儒道："也还罢了。串讲呢？"宝玉道："圣人说，人生少时，心思才力，样样聪明能干，实在是可怕的。哪里料得定他后来的日子不像我的今日。若是悠悠忽忽到了四十岁，又到五十岁，既不能够发达，这种虽是他后生时像个有用的，到了那个时候，这一辈子就没有人怕他了。"

代儒笑道："你方才节旨讲的倒清楚，只是句子里有些孩子气。'无闻'二字不是不能发达做官的话。'闻'是实在自己能够明理见道，就不做官也是有'闻'了。不然，古圣贤有遁世不见知的，岂不是不做官的人，难道也是'无闻'么？'不足畏'是使人料得定，方与'焉知'的'知'字对针，不是'怕'的字眼。要从这里看出，方能入细。你懂得不懂得？"宝玉道："懂得了。"代儒道："还有一章，你也讲一讲。"代儒往前揭了一篇，指给宝玉。宝玉看是“吾未见好德如好色者也”。

宝玉觉得这一章却有些刺心，便陪笑道：“这句话没有什么讲头。”代儒道：“胡说！譬如场中出了这个题目，也说没有做头么？”宝玉不得已，讲道：“是圣人看见人不肯好德，见了色便好的了不得。殊不想德是性中本有的东西，人偏都不肯好他。至于那个色呢，虽也是从先天中带来，无人不好的。但是德乃天理，色是人欲，人那里肯把天理好的像人欲似的？孔子虽是叹息的话，又是望人回转来的意思。并且见得人就有好德的，好得终是浮浅，直要像色一样的好起来，那才是真好呢。”

代儒道：“这也讲的罢了。我有句话问你：你既懂得圣人的话，为什么正犯着这两件病？我虽不在家中，你们老爷也不曾告诉我，其实你的毛病我却尽知的。做一个人，怎么不望长进？你这会儿正是‘后生可畏’的时候，‘有闻’、‘不足畏’全在你自己做去了。我如今限你一个月，把念过的旧书全要理清，再念一个月文章。以后我要出题目叫你作文章了。如若懈怠，我是断乎不依的。自古道：‘成人不自在，自在不成人。’你好生记着我的话。”宝玉答应了，也只得天天按着功课干去，不提。

《红楼梦》第八十四回：

一会儿，焙茗拿了来，递给宝玉，宝玉呈与贾政。贾政翻开看时，见头一篇写着题目是《吾十有五而志于学》。他原本破的是“圣人有志于学，幼而已然矣”。代儒却将“幼”字抹去，明用“十五”。贾政道：“你一‘幼’字便扣不清题目了。‘幼’字是从小起至十六以前都是‘幼’。这章书是圣人自言学问工夫与年俱进的话，所以十五、三十、四十、五十、六十、七十俱要明点出来，才见得到了几时有这么个光景，到了几时又有那么个光景。师父把你‘幼’字改了‘十五’，便明白了好些。”看到承题，那抹去的原本云：“夫不志于学，人之常也。”贾政摇头道：“不但是孩子气，可见你本性不是个学者的志气。”又看后句“圣人十五而志之，不亦难乎”，说道：“这更不成话了。”然后看代儒的改本云：“夫人孰不学，而志于学者卒鲜。此圣人所为自信于十五时欤。”便问：“改的懂得么？”宝玉答应道：“懂得。”

又看第二篇，题目是《人不知而不愠》，便先看代儒的改本云：“不以不知而愠者，终无改其说乐矣。”方觑着眼看那抹去的底本，说道：“你是什么？——‘能无愠人之心，纯乎学者也。’上一句似单做了‘而不愠’三个字的题目，下一句又犯了下文君子的分界。必如改笔才合题位呢。且下句找清上文，方是书理。须要细心领略。”宝玉答应着。贾政往下看：“夫不知，未有不愠者也；而竟不然，是非由说而乐者，曷克臻此。”原本末句“非纯学者乎”。贾政道：“这也与破题同病的。这改的也罢了，不过清苦，还说得去。”

以上两则资料，第一则是贾代儒讲课的情况，第二则是贾代儒作文批改的情况。根据这两则资料分析，即使从新课改角度看，也至少有以下几点可取之处：

1. 循循诱导，积极鼓励

贾代儒叫贾宝玉讲解课文“后生可畏”章的大意，贾宝玉讲到有碍老师面子的话便戛然中止。“老大无成”四个字不适宜在贾代儒面前讲，因为贾代儒按封建时代人才观衡量，便是一个“老大无成”者。贾代儒也感觉到了这一点，但是，作为一个教师，他却不顾自己的尴尬，以《礼记》中“临文不讳”为训，诱导、鼓励宝玉放胆直言。贾代儒在课堂上不但没有满堂灌，而是让学生讲，让学生放胆讲，即使涉及教师本人也持宽容态度，这在今天看来也是难能可贵的。

2. 师生互动，适当点拨

贾代儒上课，不是满堂灌，也不是满堂问。而是充分发挥学生的主体作用、教师的主导作用，形成师生互动的局面。贾代儒以参与者、合作者、引领者的身份出现，让学生主“讲”，自己参与讨论，教师则在学生发言的基础上适当点拨。当宝玉讲完“后生可畏”章节旨后，贾代儒便展开了讨论、点拨。他很注重谈话策略，对学生是先肯定“节旨讲得倒清楚”，接着才中肯地指出不足：“有些孩子气”，并纠正了对“闻”字等词意义的理解。

3. 坚持标准，严格要求

在教学活动中，学生难免对某些教学内容不感兴趣；然而，作为老师则应直言相劝，严格要求，纠正学生以个人好恶对待课程内容的倾向。一味迎合、迁就学生，降低授课标准，不应是教师的行为。“吾未见好德如好色者也”，是孔子反复论说的名言；然而，“好色”却是宝玉的性格倾向，因此看了“刺心”，不愿多讲。贾代儒忠于职守，直言批评说：“譬如场中出这个题目，也说没有做头么？”在贾代儒的严格要求下，宝玉讲得比较透彻，教学任务得以较好地完成。或许有人指责贾代儒讲的观点陈腐。我们说,那是历史的局限,账不应算在贾代儒头上。我们不能苛求一名普通塾师的言行超越其原有活动时代。仅从贾代儒的教学态度看,是无可非议的。

4. 思想渗透,针对实际

语文学科教学在思想渗透方面具有得天独厚的条件。贾代儒结合学生行为实际,有针对性地进行思想教育,正是对语文“人文性”的重视。贾代儒在讲完两章内容后,便顺势指出贾宝玉有违圣人教训的毛病,激励宝玉发愤攻读,在学业上有所建树。当然,贾代儒的渗透教育的内容不足取,但是这种形式实在是值得我们借鉴。

5. 精心批阅,一丝不苟

批改作业,是教学工作的重要环节。作业批改,可以窥见教师的工作态度以及业务功底。贾代儒批阅作文的态度与功底是令人羡慕和尊敬的。对贾宝玉的几篇作文,他或删或添或换,可谓字斟句酌,呕心沥血。例如:“幼而已然矣”中的“幼”字,他改为“十五”,是颇见匠心的。诚如贾政所说:“你原本‘幼’字便扣不清题目了。‘幼’字是从小起至十六以前都是‘幼’。这章书是圣人自言学问工夫与年俱进的话,所以十五、三十、四十、五十、六十、七十俱要明点出来……师父把你‘幼’字改了‘十五’,便明白了好些。”

我们想,曹雪芹时代的一个塾师能做到以上几点,确实是难能可贵的。我们何妨学学贾代儒?语文课改工作向来是教育界的热门话题。人们对语文教学现状,对语文高考试题颇多微词。然而,指责的多,提出建设性意见的少。笔者认为,我们如果沉下心来，下大力气对古代语文教学经验钩沉发微，说不定会于“山重水复”之中再现“柳暗花明”。

三、学习与思考结合

“学思结合”，是孔子提倡的学风。孔子认为光学习不思考，会迷惘，光思考不学习，也会疑惑不解。

> 子曰：“吾尝终日不食、终夜不寝以思，无益，不如学也。”（《论语·卫灵公》）
>
> 子曰：“学而不思则罔，思而不学则殆。”（《论语·为政》）

无数实践也证明了孔子见解的正确性。人类的知识有一个渐进积累的过程。大量的文化典籍是人类知识精华的结晶，我们从中学习，会收到事半功倍的效果。许多知识，靠人们从头实践一番，花费几年甚至几十年时间也难以完成；但是，我们通过书本等媒体进行学习，只需很短时间就能掌握。因此，孔子如是说。孔子的后学荀子也说过：“吾尝终日而思矣，不如须臾之所学也……”古今中外，有识之士大办教育，其主要目的是让人们有个良好的学习环境。人们在这里可以通过学习，吸收前人的知识精华。有人说，目前的一个中学生的文化科技知识总量是昔日的状元宰相难以企及的，这不无道理。但是原因何在？原因在于今天的中学生做的是以前人的知识积累为阶梯的“登楼”运动！

然而，人类需要的不仅仅是传承，还需要发展，需要创新，这就需要思考。当然，不仅仅创新需要思考，就是传承消化也需要思考。没有思考，对前人的知识食而不化，连很好的传承都谈不上，还谈什么创新？因而，随着时代的进步，人们日益重视思考。毛泽东提倡“多思”，周恩来生前也说过：“思之，思之，神鬼通之。”

这里不妨讲一个故事：世界著名物理学家卢瑟福一天深夜发现一个学生仍在做实验。他问学生：“你白天干什么？”学生回答说：“工作。”“早晨呢？”“工作。”卢瑟福问：“那么，你什么时间思考呢？”学生语塞。由这个故事，我们看到卢瑟福非常重视思考！

从某种意义上讲，人类社会特别是科学的进步，往往是思维的突破。没有上世纪七十年代“实践是检验真理的唯一标准”的讨论成果，就没有改革开放的局面；没有“一国两制”的构想，就没有香港、澳门的顺利回归。没有思考，就没有牛顿定律，就没有相对论……

在“学”与“思”的问题上，孔子是个辩证主义者。孔子强调的是学思结合。他反对学而不思，也反对思而不学。“思”过了头，也不好。当时有个叫季方子的人，声称“三思而后行”。孔子听说这件事，评论说：“再，斯可也。”意思是说，思考两遍就可以了。“三思而行”容易流于犹豫不决的境地。俗话说“秀才造反三年不成”，原因何在？恐怕与秀才往往前思后虑，多思不决有关。

作为教育工作者，要提倡和培养学思结合的学风，使学子们正确处理学与思的关系，成长为国家的栋梁。

四、表扬与批评的辩证

现代教育论者提倡表扬的方法，主张在教学活动中赏识学生，激励学生。我们不难看到这方面的文章或在教学观摩活动中看到这种现象。然而，表扬与批评如同鸟之双翼。没有批评的教育如铩翼之鸟。不少初涉教坛的教师笃信赏识教育的魅力，对学生处处“表扬”，使表扬变成了廉价的空气、沙子，学生并不珍惜它。无奈之余，这些老师只好再祭起批评的法宝。然而，由于之前学生已经散漫惯了，批评的“矫治”工作也步履维艰。两千五百年前的孔子，是表扬与批评并用的。

就拿颜回说吧。颜回是他最得意的弟子。他不止一次表扬颜回。如：

> 子曰：“贤哉，回也！一箪食，一瓢饮，在陋巷，人不堪其忧，回也不改其乐，贤哉，回也！”（《论语·雍也》）
>
> 子谓子贡曰：“女与回也孰愈？”对曰：“赐也何敢望回？回也闻一知十，赐也闻一知二。”子曰：“弗如也！吾与女弗如也。”（《论语·公冶长》）

然而，对于颜回的缺点，他也毫不客气地批评：

> “回非助我者也。于我所言无所不说。”（《论语·先进》）

孔子与子路，年龄差别较小，相伴时间很长，可谓情同兄弟。子路对孔子忠心耿耿，追随终身。孔子非常看重这个学生加兄弟的子路。他曾感叹说："乘桴浮于海，从我者唯由欤?"不过，子路是一个有军事才能而性格鲁莽的人。孔子一直担心他做事不讲策略，乱冲乱撞而出问题，因而经常批评子路。子路自认为自己军事才能出众，假如孔子要委派人带兵作战的话，非他莫属。于是便问孔子："子行之军，则谁与?"

孔子为了抑制子路，并没有正面回答，而是说："暴虎冯河，吾不与也。"意思是："赤手空拳地打老虎，没有舟船渡黄河，这样鲁莽的人，我是不会与他共事的。"

孔子有时候对犯大错误的学生的批评更是严厉。他的高足冉求在季氏幕下当官。季氏已经富比鲁公了，可是冉求还千方百计为他搜刮民脂民膏。对这种"损不足而益有余"的不义做法，孔子十分生气。便当众宣布说："非吾徒也，小子鸣鼓而攻之可也!"

其实，从某种程度上讲，批评也是一种激励，只不过是反面激励而已。

善把金针度与人

“学高为师，德高为范”，一位高明的教师不在于零散地传授知识，而在于能够穷究天人，把握规律，高屋建瓴地从哲学高度，用简洁的语言总结出人类认识自然与社会的经验。在这方面，孔子确实堪称古今中外教师中第一人。世象纷繁，而他三言两语便能切中肯綮。我们不妨说，一部《论语》是中华民族智慧的总结，是一个圣人哲学的思考结晶。作为一名教育工作者，应该以孔子为高标，努力研修，力求成为一个“善把金针度与人”的教坛圣手。我们这里不妨列举孔子的几枚度人金针，以资借鉴。

一、交友之道：益友与损友

子曰：“益者三友，损者三友。友直，友谅，友多闻，益矣；友便辟，友善柔，友便佞，损矣。”(《论语·季氏》)

人生社会间，无法自我封闭，“踽踽独行”，总要与人交往，这就有了朋友。然而，什么样的朋友对自己有益？什么样的朋友对自己有害？这是人生应该认真思考的问题。孔子的择友标准，至今仍可供我们借鉴。他主张与三种人交朋友，即正直的人、诚实的人、见闻广博的人。是的，“近朱者赤，近墨者黑”。与正直的人交朋友，就能受其熏陶，直道而行。孔子非常重视“直”的原则，他对“直”的要求也很高。与孔子同时代的尾生高，是名正直而且贤能的人，但是，有一件事却受到孔子批评。一次，有人到尾生高家借醋，尾生高家却没有醋，但尾生高没有以实相告，暗地里从邻居家讨来醋借给人家。孔子认为尾生高这种善意的作假行为也算不得直。我们与人相处，应该选取真正的正直者，对尾生高之流也应排斥在外。当然，直人也许很少，但这更显示出择友之难。不过，我们不能降格以求。“人生得一知己足矣”，我们倘能遇上一个孔子眼中标准的直人为友，也不枉为人一场了。

诚实，是选择朋友的重要条件。倘若你选择的朋友不能与你诚实相处，关键的时候欺骗你，或者出卖你，那倒不如没有朋友的好。诚实，也是一个要求非常严格的概念。

广见博识的朋友可以使你增长见识，满足你的求知欲望，所以孔子也特别推崇这类朋友。古人交友很重视这一点。以唐代诗人为例，李白、杜甫为忘年交，元稹、白居易为生死交，岑参、高适、王之涣也情谊深厚。我想，唐诗成绩辉煌，与诗人们友好相处、切磋琢磨不无关系。

孔子还指出了三种不可交的朋友，那就是善于逢迎的人、台上握手台下踢脚的人、花言巧语的人。这三种人，台上握手台下踢脚者尤其可恨。他明里让你吃蜂蜜，暗里却下毒药，使你受伤害而不自知。那些善于逢迎的，你有权势时他们趋之如鹜，你无权时他们不仅不帮忙，还会落井下石。至于花言巧语者，华而不实，脆而不坚，误人害人，不可信赖。与这些人交往，等于自投罗网，自蹈死地，自取灭亡。

古人主张近君子而远小人。我们说，对于直、谅、多闻者，可亲而近之，而对于便辟、善柔、便佞者，一定要畏而远之。

二、识人之道：众恶必察，众好必察

一个人总是在一定的时空中活动，难免要与人接触。在活动中与人接触，就产生了人际关系。因而，人们会对这个人作出评价。表现在态度上，则或者喜欢，或者厌恶。一般地来说，众人对一个人的评价不会完全统一。如果有这么一个人，众人一致说他好或者众人一致说他坏，那么，其中往往会有一些不正常因素。因而孔子说："众恶之，必察焉；众好之，必察焉。"是的，当众人都喜欢或都厌恶那个人时，一定要细加考察！

众人都喜欢的这个人，他很可能是个好好先生。众人中有好人，也有坏人。他是非曲直不分，拿原则做交易，没有是非分明的憎，也没有是非分明的爱。好人、坏人对他可能都喜欢。众人都喜欢的这个人，很可能是个伪君子。他怀着某种政治的、经济的、军事的目的，伪装自己，讨好众人，在一段时期内大家可能对他产生好感。王莽就是这样的伪君子，他篡汉之前刻意伪装自己，美誉广为流传，确实赢得了满朝文武乃至民间百姓的赞誉。举个例子说吧，叔父有病，他侍奉汤药，孝敬有加，把叔父的亲生儿子都比了下去。他儿子犯了过错，他执法严明，照样判处死刑。可是，他一旦得势，便露出狰狞面目，干出篡夺国柄，伤天害理的勾当。

至于众人都不喜欢的人，也应好好考察。俗话说，"秦桧还有三个朋友”。一个人一般不至于人人厌恶的。有时候，一些思想、科学的先驱者不苟合世俗，往往“众人皆恶之”。哥白尼、布鲁诺不是被放逐、被杀害了吗？马克思学说起初不是被称为“幽灵”吗？我们应该对“众人皆恶之”的人详加考察，才会避免卞和式的人物蒙冤受屈。当年卞和两献璞玉，都被当成骗子而处以刖刑，若不是新即位的楚王详察，岂不冤枉终身。

“众人”的成分是复杂的，有贤者，有愚者，有君子，也有无赖，更有灵魂麻木、甘当看客者。当初，日俄战争，不少中国人被杀，其看客仍是中国人。鲁迅先生在日本通过电影看到这种场面，不是愤而弃医从文吗？这些看客的“从众”心理特别强，恶意的人带头喊某某人坏，他们也会跟着喊的，那么“众人”之言就不可信了！历史上，有些酷吏为了害人，指使一些小人众口一词地诬告同一个人，造成“众恶之”的假象。因而，孔子认为，作为一个人，不必图求众口一词地说你好，而应该好人说你好，坏人说你坏！

目前，我们的组织部门在用人时讲究考察。我们建议考察人员记住孔子的话，对“众恶之”者与“众好之”者详加考察，既避免“伪君子”、“老好人”蒙混过关，被提拔重用，也要避免好人受陷害而沉沦于下僚。当然，不仅组织部门应该如此，我们作为一个普通的人，为人处事也应放出眼光来，对周边的人进行评估，不应该盲目从众，人云亦云。在这方面，杜甫是我们学习的榜样。当年李白虽然“众人皆曰杀”，然而杜甫“吾意独怜才”，与李白“一往情深”，终生不渝，在中国文学史上传为佳话。

三、修身之道："思齐"与"自省"

修身，即加强自身修养，是中华民族的优良传统之一。如何修身？孔子早就开过一剂良方，其药有二味，一是"见贤思齐"，二是"见不贤而内自省"。一个人倘能做到这两点，不愁自身修养提不高。

先说见贤思齐，换言之，即是向英雄模范、名人学习。古往今来，社会上不乏英雄人物，但思齐者少。倘若真能思齐，虽未必就成为英雄模范、名人，但至少可以使自己的思想水平提高。

其实，因"思齐"而成为英雄者历史上也不乏其人。例如：

秦少游，名观，善写诗词，是"苏门四学士"之一。陆游的母亲爱好文学，对秦观十分敬仰，希望生的儿子也有秦观一样的才华。日有所思，夜有所梦。陆游母亲临生陆游时梦见秦观，梦醒之后便生下了陆游。她不胜欢喜，便以秦观的字作了儿子的名，以秦观的名，作了儿子的字。

陆游懂事后，知道了自己名字上的深刻含义，再加之受母亲的感染，也十分仰慕秦观。他刻苦攻读，立志长大后成为一名像秦观那样的诗词大家。功夫不负有心人，陆游长大后勤于创作，给后人留下几千首诗词，其成就和影响，远在秦观之上。

再说"见不贤而内自省"。如果说做到"思齐"尚属容易，那么"自省"就更难了。因为"自省"的境界更高，许多人走上犯罪道路就是因为缺乏"自省"的工夫。不少人在革命战争年代和经济建设运动中立下过汗马功劳，有些人已是英雄模范、名人，然而，对"不贤"不是惕然自警，深刻自省，而是不以为然，甚至"不贤"近身也不拒绝，结果被拖下水，同流合污，当面对铁窗、镣铐时，才“自省”，但悔之晚矣！且不必说建国初期的刘青山、张子善，就是九十年代的陈希同，哪一个不是因为缺乏“内省”工夫而走上犯罪道路的？陈希同，这个党龄与共和国同龄的中央政治局委员、北京市委书记，为社会主义事业作过贡献，功不算不高，官不算不大，然而，就是这样的人，见不贤而不自省，最后沦为人民的罪人！

当然，历史上也不乏自省自新的人。《世说新语》中记载的周处，就是典型。

周处年轻时，为人凶狠霸道，成了乡亲邻里厌恶而又害怕的人。当时，义兴郡河中有条蛟龙，山里有只邅迹虎，也都在危害百姓，义兴人把周处、蛟龙、邅迹虎合称“三害”。有人劝说周处斩蛟、杀虎，实质上希望三害只剩一害。于是，周处先到山上刺死了虎，又下水斩杀蛟龙，经过了三天三夜，还不见上岸。乡邻认为周处死了，高兴得互相庆贺。周处杀了蛟龙，安然回到家里，他听到乡里邻居互相庆贺他的死亡，才知道自己为人们所厌恶，便决定改过自新。他跑到吴郡找到名士陆云，谈了自己的想法，受到了陆云的鼓励。从此，周处改恶从善。此后，他踏上仕途，为官勤政爱民，出任过四个郡的太守，名垂史册。

我们抓精神文明建设，应该抓个人的“思齐”与“自省”工作。倘若每个人都能“见贤而思齐”、“见不贤而内自省”，我国的国民素质何愁提不高？党风民风何愁不好转？

四、学问之道：学思结合

“学思结合”，是孔子提倡的学风。千百年来，人们无不推崇。孔子认为光学习不思考，会迷惘，光思考不学习，也会疑惑不解。

无数实践也证明了孔子见解的正确性。人类的知识有一个渐进积累的过程,大量的文化典籍是人类知识精华的结晶,我们从中学习,会收到事半功倍的效果。许多知识,靠人们从头实践一番,需要几年甚至几十年也难以完成,但是,我们通过书本等媒体进行学习,只需很短时间就能掌握。因此,孔子说:“吾尝终日不食,终夜不寝以思,无益也,不如学也。”荀子也说:“吾尝终日而思矣,不如须臾之所学也……”古今中外,有识之士大办教育,其主要目的是让人们有良好的学习环境。人们在这里可以通过学习吸收前人的知识精华。有人说目前的一个中学生的文化科技知识总量是昔日的状元宰相难以企及的,这不无道理。但是原因何在?原因在于今天的中学生做的是以前人的知识积累为阶梯的“登楼”运动!

然而,人类需要的不仅仅是传承,还需要发展,需要创新,这就需要思考。当然,不仅仅创新需要思考,就是传承消化也需要思考。没有思考,对前人的知识食而不化,连很好的传承都谈不上,还谈什么创新?因而,随着时代的进步,人们日益重视思考。毛泽东提倡“多思”,周恩来生前说:“思之,思之,神鬼通之。”这里不妨讲一个故事:世界著名物理学家卢瑟福一天深夜发现一个学生仍在做实验。他问学生:“你白天干什么?”学生回答说:“工作。”“早晨呢?”“工作。”卢瑟福问:“那么,你什么时间思考呢?”学生语塞。由这个故事,我们看到卢瑟福非常重视思考!

从某种意义上讲,人类社会、科学的进步,往往得益于思维的突破。没有七十年代“实践是检验真理的唯一标准”的思维成果,就没有改革开放的局面;没有“一国两制”的构想,就没有香港、澳门的顺利回归。没有思考,就没有牛顿定律,就没有相对论……

在“学”与“思”的问题上，孔子是个辩证主义者。孔子强调的是学思结合。他反对学而不思，也反对思而不学。“思”过了头，也不好。当时有个叫季方子的人，声称“三思而后行”。孔子听说这件事，评论说：“再，斯可也。”意思是说，思考两遍就可以了。“三思而行”容易流于犹豫不决的境地。俗话说“秀才造反三年不成”，原因何在？恐怕与秀才往往前思后虑，多思不决有关。

作为教育工作者，要提倡和培养学思结合的学风，使莘莘学子正确处理学与思的关系，成长为国家的栋梁。

五、做事之道：欲速则不达

治理一个地区乃至整个国家，绝对不会像请客吃饭那么容易。作为一个官员，应该具有良好的素质，能够正确、裕如地处理政事，使人民安居乐业。作为一个官员，所需素质是多方面的，但保持清醒的头脑，不操之过急，不做过头事，是首先需要强调的素质。当年孔子就对从政的学生们强调了这个问题。子夏做了莒父县令，向老师孔子讨教为政之道。孔子说：“办事不要图快，不要贪求小利。欲速则不达，图快反而达不到目的，求小利就办不成大事。”

孔子“欲速则不达”的理论是至理名言，值得人们终身铭记。惜乎许多人记不住这句名言，于己、于民、于国，都带来了诸多不利。殷鉴不远，建国初期，历尽乱世之苦方得以安居乐业的人民焕发出极大的积极性，生产恢复得很快，工商业改造也很顺利。决策层因此头脑发热，认为共产主义已经离我们不远，于是便出现了“大跃进”等脱离实际的决策。结果，受到了天灾人祸的惩罚。“浮夸风”填不饱肚皮，不少地方饿殍相藉，惨不忍睹。

目前，中国共产党提出了社会主义初级阶段的理论，应该说是符合国情民情的实事求是的理论。社会主义初级阶段的理论也是对长期以来“欲速”倾向的纠正。近几年来的实践已经充分证明初级阶段理论的正确性，它使中国的经济步入了稳步发展的轨道。当然，局部地区、个别单位的领导中，还存在着急于求成乃至好大喜功的倾向，这也应该引起我们的重视。有些地区在经济问题上仍搞“大干快上”那一套，人为地给下级压指标。上有所好，下有所效，如此一来，下级便会曲意逢迎，虚报假报。“干部出数字，数字出干部”，这句流行甚广的谚语正是对这种现象的批评。这种现象虽然发生在局部地区或个别单位，但其危害性却不可低估。它是政界的艾滋病菌，一旦流传开去，会危及整个党和国家的生命。

我们希望各级领导干部，把孔子的名言“欲速则不达”作为座右铭，坚持党的初级阶段的理论不动摇，使中国的经济建设以扎实的步伐走向新世纪！

六、成功之道：人贵有恒

孔子非常推崇有恒心的人。他说：“善良的人我不能看到他们了；能够见到有恒心的人，这就可以了。”孔子为什么如此推崇有恒心的人呢？因为“有恒”是成功的基石，同时，也是节操的表现。

成功，犹如高山奇葩，人人希求，但不是人人都能得到的。想摘取成功的奇葩，既要有攀登险峰的能力，又要有努力不懈之心，即“有恒”。从某种意义上讲，“有恒”显得更加重要。“骐骥一跃，不能十步，驽马十驾，功在不舍。”这是荀子的名言，讲的也正是“恒心”的重要性。考之史实，那些成功者，谁没经过一番刻苦奋斗？大禹治水九年，吃尽千辛万苦，屡次失败而不悔，三过家门而不入，终于治水成功，并受禅为天下之主。司马迁醉心撰写史书，查访古迹，风餐露宿不说，甚至含羞忍耻接受“宫刑”，始终“痴心不改”，终于写成“无韵之离骚”——《史记》。陶宗仪“黄叶著书”，几十年不辍，终于写成《辍耕录》。张溥生来不聪慧，但他读书刻苦，每篇文章必抄七遍。十年寒窗，以勤补拙，终成大家……其实，这方面的例子现代也多的是。中国人民解放军自“八一”起义以来，历尽坷坎，经受了五次“围剿”的血雨，抗日战争的考验，但是，在毛泽东等老一辈革命家、军事家的领导下，这支军队百折不挠，愈挫愈勇，终于走出低谷。解放战争中，中国人民解放军发动三大战役，节节胜利；渡江战役，摧枯拉朽，终于埋葬了蒋家王朝！解放军胜利靠的是什么？靠的是领袖人物执著地献身于中国革命的恒心。再说邓小平，三起三落，但是初衷不改，终于以七旬之身执掌中国社会主义事业的领导权，领导人民改革开放，开创了中国历史的新纪元，而自己也成了世界风云人物！试想，邓小平如果没有恒心，遇挫即退，中国岂有今天？他自己在人民心目中的威信也达不到今天的高度！

有恒，也是节操的表现。正如孔子所说：“没有却假想有，空虚却故作充实，贫穷却装成豪华，这种人是很难做到有恒的。”因为这些人是急功近利的，他们学习不愿“皓首穷经”，工作不愿埋头苦干，更谈不上为某种信仰、事业而献身。他们中出不了大禹、司马迁、邓小平，也出不了苏武、岳飞、文天祥……

我们的教育工作者，应该把“有恒”作为素质教育的重要目标。我们要培养出一代具备“有恒”素质的人，让他们去创造新世纪的民族的辉煌！

能说会道为人师

仲尼曰:“《志》有之:‘言以足志,文以足言。’不言,谁知其志? 言之无文,行而不远。”(《左传·襄公二十五年》)

子曰:“为命,裨谌草创之,世叔讨论之,行人子羽修饰之,东里子产润色之。”(《论语·宪问》)

定公问:“一言而可以兴邦,有诸?”孔子对曰:“言不可以若是,其几也。人之言曰:‘为君难,为臣不易。’如知为君之难也,不几乎一言而兴邦乎?”曰:“一言而丧邦,有诸?”孔子对曰:“言不可以若是,其几也。人之言曰:‘予无乐乎为君,唯其言而莫予违也。’如其善而莫之违也,不亦善乎? 如不善而莫之违也,不几乎一言而丧邦乎?”(《论语·子路》)

语言,是人类交流思想的重要工具,是人类有别于动物的标志。因此,在人们的日常交际活动中,言谈显得很重要。一个能说会道的人,往往在各种场合占优势。教师的传道授业解惑的过程,主要是与学生语言交流的过程。一个教师口才的优劣,直接影响到教育教学效果的优劣。

从文章开头引述的孔子语录中,我们不难看到,孔子是主张

"言之有文"的，并从一言"兴邦"与一言"丧邦"的高度肯定语言的重要性。他还特别推崇郑国文书反复推敲、注重修辞的优良作风。

孔子自己，也是一个注重语言有效运用，并认真实践的大师。

今天，可供我们研究的孔子语言实录不多。然而，仅从万余字的《论语》中，我们就不难窥见孔子语言风采之一斑。即使从现代语言学的角度衡量，孔子的语言也具备了准确、生动、凝练三大特点。

一、准确

准确是修辞的基本要求。孔子的语言是非常注重准确性的。《论语》中记载了不少有关他斟词酌句的例子。例如：

① 定公问："君使臣，臣事君，如之何？"孔子对曰："君使臣以礼，臣事君以忠。"（《论语·八佾》）

② 子贡问曰："乡人皆好之，何如？"子曰："未可也。""乡人皆恶之，何如？"子曰："未可也。不如乡人之善者好之，其不善者恶之。"（《论语·子路》）

③ 或曰："以德报怨，何如？"子曰："何以报德？以直报怨，以德报德。"（《论语·宪问》）

例①：定公问君臣间的关系应该如何，孔子只在定公的原话上添了两个介词短语："以礼"、"以忠"，就把这个问题说得十分清楚、严密。例②：一个人怎么样算是好人？这是一个令人深思的问题。周围的人全部讨厌他，这个人固然算不上好人，但周围的都喜欢他，就一定是好人吗？这也未必，也许这个人是个不讲原则的好好先生。孔子把“善者好之，不善者恶之”作为衡量好人的标准，是再精当不过了。例③：“以德报怨”，乍看是大度的表现，其实，是一种丧失原则性的做法。孔子提出“以直报怨”的主张，极有分寸，既体现了原则性，又无主张挟私报复之嫌。一字之易，重于九鼎。

孔子语言的准确，还表现在他能够用辩证的观点看问题。例如：

④ 学而不思则罔，思而不学则殆。（《论语·为政》）

⑤ 质胜文则野，文胜质则史。（《论语·雍也》）

例④阐述了学习与思考的辩证关系，对学习者有着指导意义。例⑤谈了文与质的关系，开了文质兼备主张的先河。

二、生动

语言生动，是修辞追求的最高目标。孔子非常注重语言的生动性。他说：“言之无文，行而不远。”他的语言，代表着当时的最高修辞水平。

孔子语言的生动性，主要表现在修辞方法的纯熟运用方面：

比喻，是一个古老的辞格，当年孔子已能够熟练地加以运用。

① 为政以德，譬如北辰，居其所而众星共之。（《论

语·为政》)

② 不义而富且贵,于我如浮云。(《论语·述而》)

以上两例是明喻。例①以众星拱北辰喻为政以德,形象地说明为政之道——德为关键。例②把"不义而富且贵"比作浮云,反映出自己坚持正义,不见利忘义的高风亮节。

③ 子曰:"鲁卫之政,兄弟也。"(《论语·子路》)

④ 孔子对曰:"子为政,焉用杀?子欲善而民善矣。君子之德风,小人之德草,草上之风必偃。"(《论语·颜渊》)

以上两例是暗喻。例③以"兄弟"比鲁卫之政,形象地说明二者相差不远。例④以"风"喻"君子之德",以"草"喻"小人之德",通俗地说明君子之德对小人之德的影响。

⑤ 岁寒,然后知松柏之后凋也。(《论语·子罕》)

⑥ 吾恐季孙之忧,不在颛臾,而在萧墙之内也。(《论语·季氏》)

以上两例是借喻。例⑤"松柏"借喻在险恶环境中坚忍不拔的人,贴切生动。例⑥"萧墙之内"借喻"国君",形象地说明季氏之失策。

对比修辞方法,把相反、相对两种事物或一种事物的相反、相对的两个方面放在一起,对照比较,会使双方都更加鲜明、突出。孔子是深谙此道的,他经常运用对比手法。例如:

① 三军可夺帅也，匹夫不可夺志也。(《论语·子罕》)

② 举直错诸枉，则民服；举枉错诸直，则民不服。(《论语·为政》)

③ 君子周而不比，小人比而不周。(《论语·为政》)

④ 君子怀德，小人怀土，君子怀刑，小人怀惠。(《论语·里仁》)

⑤ 君子喻于义，小人喻于利。(《论语·里仁》)

例①通过对比，充分显示了人的"志"的不可改变性。例②通过人民两种态度的对比，充分肯定了"举枉错诸直"的不可行。例③、例④、例⑤都通过对比而显示出"君子"与"小人"的区别。

排比，在语言中似连珠炮，使语言铿锵有力，气势恢宏。《论语》是以语录形式记载孔子等人言行的，大多是三言两语。但是，就在这种情况下，孔子运用排比的例子仍然可以从中找出不少：

① 子曰："学而时习之，不亦说乎？有朋自远方来，不亦乐乎？人不知而不愠，不亦君子乎？"(《论语·学而》)

② 子路曰："愿闻子之志。"子曰："老者安之，朋友信之，少者怀之。"(《论语·公冶长》)

③ 子曰："知者不惑，仁者不忧，勇者不惧。"(《论语·子罕》)

④孔子曰："益者三友，损者三友。友直，友谅，友多闻，益矣。友便辟，友善柔，友便佞，损矣。"(《论语·季氏》)

例①用反问句式组成排比，反映出自己对温书、迎朋的喜乐情趣，对“人不知而不愠”的气质的赞赏。例②运用排比，从三个不同的方面，把自己“志”的内容说得透彻明白。例③中的排比句，一气呵成，把知者、仁者、勇者的特点一一揭示出来，读起来了无滞碍。例④中的两个排比句分别解释了益者三友、损者三友的内容，读来如江河直下，一气贯通。

三、凝练

语言以凝练为贵。懒婆娘裹脚布式的啰嗦语言，是不受人欢迎的。孔子无论是主动发表议论，还是回答别人提出的问题，都不是洋洋洒洒的长篇大论，而是三言两语，就把要说的内容表达清楚。例如：

① 子张问政。子曰：“居之无倦，行之以忠。”(《论语·颜渊》)

从政之道，是个大题目，孔子只用八个字便作了回答。

② 子曰：“不愤不启，不悱不发；举一隅而不以三隅反，则不复也。”(《论语·述而》)

孔子这里只三言两语，便阐述了一条重要的教学原则——启发式。

孔子语言的凝练，在今天的语言实际中可以找到有力的佐证。孔子的不少语录，现在已经成为成语，被人们广泛使用。据不完全统计，在日常生活中经常使用的成语中，出自《论语》的不下七十条。如：饱食终日、温故知新、学而不厌、诲人不倦、成人之美、过犹不及、当仁不让、文质彬彬、道听途说、尽善尽美、任重道远、三思而行等等，即使是文化程度较低的人也能运用自如。

孔子的大量言谈都存录于《论语》。《论语》是儒家的经典著作，千百年来，为众多读书人所熟诵。孔子的语言风格，对整个汉民族语言产生了深远的影响，对于汉民族语言的健康发展作出了巨大的贡献。

有字无字书常读

教师这个职业的主要任务是传道授业解惑，因而，要求教师在绝大多数情况下比学生道高一筹，学高一筹，识高一筹。否则，道无以传，业无以授，惑无以解。这就需要教师不断读书进修，使知识得以更新，保持应有的学识优势。

教师读书进修的途径有两种，一是读有字书，一是读无字书。孔子之所以成为万世师表，正是他一生不辍地读有字书和读无字书的结果。

先说读有字书：

孔子十五“志于学”，开始潜心读有字书，到晚年研读《易经》，以至于韦编三绝（把串起竹简的熟牛皮绳子磨断好几次）。可以这样说，孔子是一个主张终身学习并实践终身学习主张的模范。现代的所谓终身教育思想，其源头就来自孔子。这一点，日本人持田荣一在《终身教育大全》中明确指出：“孔子是东方发现和论述终身教育必要性的先驱者。”

孔子一生广涉坟典，因而博学博识。当时，许多地方出现怪异的事物和现象后，都派人向孔子咨询。

梁王闲居，有赤雀衔着紫色花纹的金简放在殿前，不知是什么意思，派人去问孔子。孔子说："这是灵宝呀，禹曾佩带过。禹临死的时候把它锁在石山的石匣中，今天赤雀衔来，是天授予你的呀。"

楚昭王渡江，见到一个很大的红色东西，感到很奇怪，派人去问孔子。孔子说："这是萍实，可以吃，只有成就霸业的人才能得到。"子游问孔子何以得知，孔子说："过去在陈国听到童谣，'楚王渡江得萍实，大如斗，赤如日，剖而食之甜如蜜'，所以知道的。"

一只脚的鸟飞集齐国朝廷，展翅而跳。齐侯很奇怪，派人问孔子。孔子说："这种鸟叫商羊，是洪水的预兆。过去儿童们屈着腿晃着肩，边跳边唱：天将下大雨，商羊跳起舞。今天预兆到了，请赶快治理沟渠，加固堤坝。"不久，天下大雨，洪水泛滥，各国受灾，只有齐国免遭损失。

吴国征伐越国，攻下会稽，得到一种骨头，一节就需要一辆车运送。吴王派人问孔子："什么东西的骨头最大？"孔子回答："禹召集大臣们集会于会稽山下，防风氏迟到了，禹就杀了他，他的骨头一节就需一辆车，这是最大的骨头了。"

令人担忧的是，目前的教师，特别是广大中小学教师，读书并不多。其原因有二：一是学校的课务、会务以及各种检查评比太多，教师被绑在教学的车轮上转动不休，很少有时间来静心读书；二是不少教师满足于靠教学参考书过日子，懒得去读书。前者是教育行政部门与学校领导的事。教育行政部门与学校的领导还没有认识到读书的重要性，其实，读书与备课、上课的质量是密不可分的。某种程度上说，读书就是备课，读书就是上课。

苏霍姆林斯基《给教师的一百条建议》中就谈及读书与备课的关系：

> 一个有三十年教龄的历史教师上了一堂公开课，使听课的领导与同行入了迷，以至忘了记听课记录。课后，一位邻校的老师问："你花了多少时间来备课？可能不止一小时吧？"而这位历史教师回答说："这节课我准备了一辈子，而且，一般地说，每节课我都准备一辈子。"

这位教师的答案的内涵是什么？苏霍姆林斯基解读说："这种准备空间是什么呢？这就是阅读。要终生以书籍为友，这是一天也不断流的潺潺小溪，它充实着思想的江河。""优秀教师教学技艺的提高，正是由于这样经常性的阅读不断地补充了他们的知识海洋。"

苏霍姆林斯基的言论发人深省，特别是人类已经进入信息时代的今天。今天的教师，如果不注重读书，凭借大学时代的老本，是难以满足教学需要的。就拿研究性学习来说吧，现在，媒体高度发达，学生获取知识的渠道很多，我们教师即使博览强识，也未必能有效地指导学生，更何况安于现状，不去读书呢？常言道："要给学生一碗水，自己要有一桶水。"其实，这种说法已经不合时宜。对教师而言，一桶水的量太少了，何况桶水易腐！我们认为，教师应该是江河，而学生则是海洋。江河长流才能成就海洋之大。

我国中小学的课程改革已经在许多省市普遍开展，然而进展效果未能尽如人意。原因何在？原因就在于教师的专业知识、技能储备不足和观念滞后。实事求是地说,有相当数量的教师由于读书不多,连传统的常规教学都难以应付,还谈何进行新课改?笔者曾听过不少被学校领导评定为优秀教师的年轻人的课,听后实在不敢恭维。以语文教师为例吧,他们往往连对所教文言文中的有些古汉语知识都搞不懂!以己昏昏,焉能使人昭昭?当然,我们这里无意责怪这些年轻人。他们是在快餐文化背景下长大的,再加上有些高校治学不严,不少中文系毕业生连中外常见的名著都没有通读,怎能在教学中不捉襟见肘?一支军队要保持在现代战争中的竞争实力,需要不断更新武器装备,而一支教师队伍要在新课改中决战决胜,也要更新知识。知识如何更新?读书!多读书!读好书!

教师不读书这种现象长期下去,势必会使教师的知识老化,思想僵化,只能作为一个教书匠混迹课堂。为什么当今凭着中国之大,中小学教师之多,却难以出现像江苏斯霞那样的教育家?其原因与此密切相关。当然,也有教师的自身关系。诚然,教师,特别中小学教师时间紧,然而,只要挤,时间还是有的。如果教师把娱乐、搞家教的时间挤一部分出来用于读书,效果肯定会明显的。可以肯定地说,靠教科书过日子的教师不是优秀教师。苏霍姆林斯基认为,随着教龄的增长,"在教师知识的海洋中,教科书一年比一年成为愈来愈小的一滴"。只有当教科书成为了教师知识海洋中的一滴,教师的教学工作才能得心应手,游刃有余,才能攀上教育家的高峰。

再说读"无字书"。所谓读无字书,就是要关注生活,深入生活,多见多闻,勤于实践。

从某种意义上讲,读无字书比读有字书更重要。周恩来十分重视读无字书。他撰写过一副对联："与有肝胆人共事，从无字句处读书。"毛泽东《实践论》可以说就是一部强调读无字书的哲学著作。常言道"读万卷书，行万里路"，"行万里路"就是读无字书。

回眸历史，从孔夫子到孙中山，谁的成功不是受益于读无字书？想当年，孔子在国内无法施展政治抱负，便率领弟子周游列国。十几年的江湖风雨，苦了筋骨，饿了体肤，然而却增长了见识与才干。也许，没有这番读"无字书"的艰苦经历，让他由"代总理"转正为"总理"，他就不会成为万世仰慕的至圣先师了。同样，司马迁如果没有游历天下山水，访古探幽，他就写不成《史记》这部"无韵之《离骚》"。李白、杜甫不经历安史之乱的颠沛流离，就不会写出那些反映民众疾苦的诗篇，就不会成为诗仙、诗圣。历史上的不少人如刘邦、朱元璋原本就没有或很少读有字书，但是他们却在群雄逐鹿中胜出，履九五之尊，使天下读有字书的人"气短"，拜伏在丹墀之下高呼"万岁"！

或许有人说，做教师的未必要花工夫去多读那些无字书，还是先读好有字书为是。其实，不读"无字书"的教师心中无丘壑，脑中少风云，视野短浅，见识固陋，只配做"经师"，做不好"人师"。就举一个小例子说吧。中小学语文课本中都有不少山水诗。一个教师如果对诗歌的描写对象有过身临其境的感受，教起来肯定要远比教没有身临其境之感的诗歌要得心应手。"纸上得来终觉浅，绝知此事要躬行。"陆游的这两句诗是富有哲理的。

有的人感叹我国目前出不了教育家，但是却没有深究原因何在。其实，教师没有时间读无字书就是重要原因。中学教师苦于应付"备、教、改、辅、考",处于半封闭状态;大学教师也多数与外界缺少交往,足不出校园,他们很少有时间读无字书。当年的陶行知、叶圣陶、夏丏尊等人,教书只占据了生活的一部分,而现代教师在应试教育的桎梏下,教书几乎成了生活的全部。教师没有时间也没有资金去读有字书和无字书。因此,我们希望教育行政部门为教师创造读无字书的条件。

腹有"诗歌"气自华

子曰:"小子何莫学夫《诗》?《诗》,可以兴,可以观,可以群,可以怨;迩之事父,远之事君;多识于鸟兽草木之名。"(《论语·阳货》)

子曰:"诵诗三百,授之以政,不达;使于四方,不能专对;虽多,亦奚为?"(《论语·子路》)

中国是诗的国度,诗歌一直是中国文学长河的主流。中国有着悠久而且优秀的文化,诗歌就是这顶文化桂冠上的明珠。千百年来,人们凭借诗歌抒情言志表达智慧。千百年来,诗歌也成了人类心灵的泊地,精神的家园,冶情养性的载体,人生交际的武器。正因为如此,孔子十分推崇诗歌。他认为学习《诗》不仅可以培养想象力,提高观察力,培养集体感,排除心中郁闷,而且可以近事父母,远事君主;还可以了解鸟兽草木之名,增长见识。孔子还主张学以致用,他认为把《诗经》的内容都背得烂熟,如果在外交方面有辱使命,那等于没学。

事实也证明了孔子的论断。古往今来,说不清多少政治巨头、文学巨匠、科学泰斗,他们的成功都离不开诗歌的滋润,即使是农民出身的帝王，如刘邦、朱元璋，不也是颇有诗歌素养吗？且不说汉代的张衡，是科学家，也是诗人，就是现代的数学家华罗庚、苏步青，诗歌造诣也达到了炉火纯青的地步。因此，我们有理由呼吁今日为师者，让诗歌在心灵安家！惜乎，“诗歌”发展到今天，似乎成了被流放的“屈原”，过着“离群索居”的生活。高考作文不考诗歌了，多数人也就不写诗歌了，只有少数诗人在那里编写据说是诗，但别人又难以读懂的文字。然而，我们说，这种现象不正常。“腹有诗书气自华”，这是家喻户晓的名言。我们又何妨说腹有“诗歌”气自华？作为一名教师，不仅要使自己腹有诗歌，还应使学生腹有诗歌。我们应秉承至圣先师的遗志，把诗歌请回家！

一、诗歌是人类心灵的泊地

“诗言志”，诗歌是生活的产物，心声的流露，是人类精神的家园，心灵的泊地。

上古的某一天，有几个人抬木头，很吃力，很沉闷，有人喊了一声“杭育”，别人也跟着喊。这样一来，压力舒缓了，诗歌也诞生了！鲁迅先生认为，这就是文学，这帮子人就可以称为“杭育杭育”派。《古诗源》收罗中国古代诗歌较为完备，其中第一首诗只有四个字：“候人兮猗”。据说这首诗的作者为大禹的夫人。当年大禹治水，日夜操劳，公而忘家。夫人日夜思念，经常倚门而望。突然，她喊了一声“等人啊（候人兮猗）”，于是这便成了《古诗源》收录的第一首诗歌。

有人认为，诗歌是文艺的昆仑山上的雪莲，良难采撷。其实不然。诗歌本身就是民众的“家常便饭”，抬木头的人、家庭妇女可以创作。一部《诗经》，作者不是大多为乡野小民吗？许多诗歌样式的创新者也是民众。诸多诗词圣手也每每因为汲取了民间的营养才成其大。如宋词、元曲，即发轫于民间，最初是不登大雅之堂的。只不过是后来被有见识的文人们大胆"引荐"，才成为"文坛卿相"的。试看李白、白居易等人的诗歌之河，无不流淌着民歌的活水。

某种意义上说，我们教学生创作诗歌，也是教学生创造生活，提高其生活品位。一个有诗歌素养、有诗歌创作能力的人，诗歌会成为他的心灵的泊地。他"可以兴，可以怨，可以群……"很难想象，一个人生活中能没有诗歌。一个人生活中没有诗歌，就像春天的田野中没有花朵！反之，一个人生活中有了诗歌，他的生活便可以充满诗意，他便可以诗意地生活，他的心灵就不会漂泊。一个人，在人世的时间有限，然而，他可以凭借其诗歌而永生。试想，楚汉之争的历史烟云早已消散，然而，我们却能从《大风歌》、《垓下歌》中感受到项羽刘邦这对宿敌搏动的心！

二、诗歌是人生交际的武器

马克思说："外语是人生交际的武器。"我们也可以说，诗歌是人生交际的武器。一个人难免要与人交际，在交际活动中，诗歌就可以帮你忙——无论你是引用诗歌还是写作诗歌。诗歌的社会交际作用，春秋时代已经凸显。因此，孔子认为，即使把《诗经》内容都背熟了，如果处理政事不通达，出使不能应对，也等于白学。放眼古今，诗歌用于社会交际的事例不难寻觅：

唐朝盛行投献诗文之风。士人把诗文呈献给知名的权要人物，如蒙赏识推荐，便会声名鹊起，将来考中进士的希望就大了。

白居易还没到二十岁，就告别故乡到长安应试。无法免俗，他把诗集呈送给著作郎顾况，顾况接过这个素不相识的年轻人的诗集，看封面上写着“太原白居易诗稿”几个字，便戏谑地说：“方今长安米价昂贵，居大不易（非常不容易）啊。”白居易听了不置一词，只等顾况看诗。顾况打开诗稿，刚看一两首，便觉作者身手不凡，当他看到《赋得古原草送别》时，不禁手舞足蹈地吟诵起来。此时，他一收傲气，和颜悦色地说：“此诗得陶韦之气，吐李杜之峰，真佳作也……长安居也易也。”

白居易干谒成功，顾况的赞语不胫而走，白居易名满长安，后来中了进士，在长安轻易地住了许多年。

诗歌，有时甚至成为推动历史进程的武器。

民谣是诗歌的本源，是国情民意的载体，许多民谣本身就是对历史事件的预测。也有智者利用民谣为自己的政治团体服务的，从而赢得民心，影响历史。桀王无道，人民悲愤，民谣曰：“时日曷丧，吾及汝偕亡。”结果，夏的国运不久就衰微，商朝取而代之。黄巾军就是用民谣动员人们起义的，黄巾军的歌谣是：“苍天已死，黄天当立，岁在甲子，天下大吉。”这首歌谣短小精悍，生动形象，琅琅上口，通俗易懂，具有强烈的煽动性，很快在贫苦百姓中流传开来。“开门迎闯王，不当差，不纳粮。”这首明末民谣石破天惊，对缺衣少食的农民诱惑力极大。李闯王之所以能把明王朝掀翻在地，这首民谣的力量不容忽视。

再说当代诗吧，重庆谈判不久，国共分裂，内战重开。共产党深得民心，战事节节胜利，国民党由优势转为劣势，士气低落。

这时，有人提出“划江而治”的主张，连苏共的领袖斯大林都赞成，并要求中国共产党及早同意。然而，以毛泽东为首的中国共产党却选择将革命进行到底，解放全中国的道路。毛泽东在《七律·中国人民解放军占领南京》一诗中表明了共产党人的主张：

……

宜将剩勇追穷寇，不可沽名学霸王。

天若有情天亦老，人间正道是沧桑。

这几句诗掷地有声，从历史的角度回绝了“划江而治”的主张，同时也鼓舞了广大共产党人以及军队的士气，使中国避免了又一次“南北朝”割据的灾难。可以毫不夸张地说，毛泽东的一首诗，影响了中国历史发展的进程。

万物如昙花，然而诗歌却长存！人生易老，然而诗歌却永远年轻。历史中有诗歌的点点印记，有孤烟落日、帆影鸥歌；有春花秋月、峻山险川；有轻裘美酒、春闺夜梦……

不堪设想，我们做老师的自己不写诗，也不教学生写诗，我们民族的后代还会运用诗歌这个武器吗？

三、诗歌是实施语文新课改的重要载体

普通高中《语文课程标准》在关于“课程的基本理念”中指出：“高中语文课程必须充分发挥自身优势，弘扬和培育民族精神……献身人类进步事业的精神品格，形成健康美好的情感和奋发向上的人生态度。”其实，诗歌，一直是中国文学的主流。诗歌写作，自古以来就是语文素养与民族精神、品格、情

感、态度养成、表达的重要载体。古今多少人的情操品格通过诗歌写作来显示？屈原的《离骚》、杜甫的《春望》、李清照的《咏史》、李纲的《病牛》、岳飞的《满江红（怒发冲冠）》、辛弃疾的《鹧鸪天（壮岁旌旗拥万夫）》、陆游的《书愤》、文天祥的《过零丁洋》、于谦的《咏石灰》、秋瑾的《黄海舟中日人索句并见日俄战争地图》，无不是有力的佐证。新课标的课程理念还要求，语文教学要注重语文应用、审美与探究能力的培养，促进学生均衡而有个性的发展。

至于诗歌，是语言的艺术，体量短小而信息多多，是提高语文素养最好不过的载体。一个人写诗的过程，本身就是语文知识运用的过程！

一个人的诗歌创作水平，是语文知识与能力的综合实力的体现。诗歌写作，从语文的工具性讲，涉及到语言、文字、修辞的全部知识。古人“吟安一个字，拈断数茎须”、“两句三年得，一吟泪双流”，都是语文活动实践的过程。杜甫“为人性僻耽佳句，语不惊人死不休”的创作过程，充分反映了语文应用的艰辛历程。

诗歌，是最美的文学样式。诗学，就是美学。诗歌创作活动本身就是创新性探究活动，一首好的诗歌就是探究的成果，创新的佳绩。诗歌创作更能激发人们对美的发现，美的创造，从而接受美的熏陶。诗歌创作是对学生创新能力最有力的支撑。例如，想象力是创新力的支撑，也是诗歌赖以生存的基础。写诗的人可以“心骛八极，神游万仞”，世界上还有比诗歌更容易培养学生想象力的吗？李白的《梦游天姥吟留别》，白居易的《琵琶行》、《长恨歌》，李商隐的诸多无题诗……无不是审美力的标本，想象力的结晶，语文素养的展示。

或许有人说，这些都是“玉泉山的水”，虽然好喝，然而远水不解近渴。高考不考，我们就不能写！其实，让学生写写诗歌，对高考大有作用。高考考字词知识，高考考修辞能力，高考考阅读、鉴赏能力，这些能力无一不可以通过诗歌写作教学来培养。就拿诗歌鉴赏来说吧，光靠读一些诗歌，并做一些分析，对培养诗歌鉴赏能力而言，难免“隔靴搔痒”。真正要提高诗歌鉴赏能力，不进行诗歌写作训练是不行的！要识梨滋味，必须亲自尝！

总之，我们可以肯定地说，目前，学生的民族精神、情感表达、创新能力的缺失，语文教学的效率不高，国民的语文素养的下降，乃至审美能力的低徊，无不与忽视诗歌写作教学有关。因此，我们大声疾呼：写作教学，把诗歌请回家，请回我们老师的家，也请回学生的家！

下篇

正本清源

——且听夫子辩白

我是天下被曲解最多的人

——孔子的辩白(一)

从“丧家犬”到圣人,从“罢黜百家,独尊儒术”到“批林批孔”,再到今天的国学热,孔子的面孔已经难以准确对焦。所幸有现世南京孙汉洲先生与孔子“相交”已久,甚解孔子之意,故为孔子代笔辩解一二,以防被更多曲解。

——编者按

岁月如流,人生如寄,春去春来,花开花落。两千五百年悠然而逝。屈指算来,十几个朝代更替,人间上演了一出出血与火,爱与恨,蜜与剑的悲喜剧!后人们似乎太多事,有时闹得我们这些“在天之灵”也不得安生。什么“罢黜百家,独尊儒术”,什么“打倒孔家店”,什么“评法批儒”,或褒或贬,使我灵魂难以安息不说,有时候甚至把我搞得面目全非。现在时兴“平反”,还历史以本来的面目。我年老力衰,自然无力全面为自己辩白,便择几条申述于下,望读者明察。

关于“学而优则仕”问题

反对我的人，批评我是“读书做官论”的鼓吹者，其例证就是“学而优则仕”这句话。这里有两点要申明。首先，这句话不是我说的，而是我的学生子夏说的。《论语·子张》中写得明白，我不敢掠美。我不屑像如今的有些博导、硕导，常把自己学生的研究成果据为己有。其次，这句话并无鼓吹“读书做官”的意思。原话为：“子夏曰：‘仕而优则学，学而优则仕。’”这里的“优”，不是优秀的意思，而是“有余力”的意思。把原话译成现代话为：“从政如果有余力，可以多学习；学习如果有余力，也可以从政。”细细分析语境，子夏谈的是学与仕的关系，强调了“学”的重要性，体现了当今终身学习的思想。子夏首先强调，一个人光顾做官不学习是不行的。做官尚有余力时应不断为自己“充电”。其次，子夏指出，学有余力，学习成绩好了，才可以去从政。否则不学无术而从政，岂不害人害己？看，这里哪有“读书做官论”的影子？

关于“三纲五常”问题

“三纲五常”，是对封建礼教道德的概括和总结。“五四”以来，文化革命队伍中的有些中坚人物把它看作我的核心思想；至于一般人士，则更是把“三纲五常”与我的思想划等号。其实，这完全是张冠李戴。“三纲”理论，是战国末期的法家代表韩非首创；而“五常”之说，则是我的后学们在东汉时期的白虎观会议上总结的东西。当然，“三纲五常”中的内容与我的思想不无联系，然而出入甚大。就说君臣关系吧：我并没有把君主的权威绝对化，从不主张君主可以掌握对臣子生杀予夺的大权，也没有提倡过臣子要对君主绝对服从。相反，我认为“君使臣以礼”才能换得“臣事君以忠”。我关于“忠”的概念，就是以诚相待的意思，可以用于君主，也可以用于朋友，与后代的愚忠概念不搭界。子路曾经问我怎样侍奉君主，我回答说：“宁愿冒犯他，也不要欺骗他。”“不欺骗”，这就是“忠”！依据我所说的忠来看，魏徵、海瑞、于谦才配称“忠”；至于那些为昏君卖命，唯命是从的人，即使献出生命也算不上“忠”。

关于调和折中问题

上个世纪，人们攻击我不讲原则，主张调和折中，还有人把我当作“和事老”。这真是天大的误会。我其实是一个爱憎分明的人。“好好先生”，我们当年称作“乡愿”。我对这些人是痛心疾首的。我说过：“乡愿，德之贼也。”古今中外，还很少有人这样深刻地痛斥过“好好先生”。以德报怨，作为一种处世方式，人们历来褒贬不一。褒者认为这是高尚品格的体现，应该推广。贬者认为这是泯灭是非界限的方式，不值得效法。然而，无论贬者抑或褒者，都误认为“以德报怨”是我的主张，这真是天大的误会。“以德报怨”是老子的主张。《老子》六十三章：“大小多少，报怨以德。”不管别人怎么看，我是反对以德报怨的。一次，有人问我：“以德报怨怎么样？”我回答说：“如果以德报怨，以何报德呢？应该以直报怨，以德报德。”这段话在《论语·宪问》中写得明白，可以备查。

关于情爱问题

今之论者,往往把我的思想与封建主义思想划等号,有些人甚至误认为我是爱情的“杀手”,我的思想禁锢着男女的爱情。儒家思想是一个复杂的思想体系,我的后学在我的理论框架中塞进了许多私货,包括“禁欲”之类的思想。这账不应该算到我的头上。其实,我对性问题倒是主张开放的。我曾经醉心于《诗经》,仿佛还对《诗经》进行过整理工作。我对《诗经》中的情歌十分喜欢。倘若我视“情”如仇,删掉这些情诗,你们现代人也就看不到了。我对这部保存了大量情歌的诗集曾有过评价:“《诗》三百,一言以蔽之,曰:‘思无邪’。”你们可以推论——思无邪,诗也无邪,情也无邪!

关于师道尊严问题

“文革”中批判师道尊严,最倒霉的是我孔老二。其实,我是一个比现代教师还“民主”的古代教师。

我不主张学生对教师百依百顺,我主张学生对教师责疑问难。我提倡学生坚持自己的观点。“当仁不让于师”是我的著名论断。颜回是我最得意的门生,可是我也批评过他。原因不是别的,就是因为他对我总是言听计从,从没有丝毫异议。

“讨论式”教学法的首创人就是我。一部《论语》虽短,但有不少我采用讨论式教学法的实录。《子路、曾皙、冉有、公西华侍坐》(《论语·先进》)应是最精彩的片段。在这次讨论课上,我充分发挥学生的主体作用,鼓励他们各抒己见,而我却不多加评论。我不像当今的老师,要求学生老老实实,容不得学生做与教学内容无关的事。那次讨论中，其他同学发言时，曾皙却在弹琴，直到我提问时他才发言。如果曾皙生活在当代，这样做的话，教师岂能不惩罚他？

我有时候受到学生的围攻，但我也不以老师的身份压学生。一次，我去见南子。学生们知道后，都批评我不该与这个名声不好的风流女人见面。我浑身是嘴也解释不清，只好发誓说："我见南子要有不良动机和行为，老天爷厌弃我！"

我有时候还和学生开玩笑。我带着一群学生周游列国，吃尽了苦头，有时连肚子都填不饱。然而，困难必须克服，这时开个玩笑，倒有利于调节气氛。一次，我们来到武城，这个地方的县长是我的学生子游，他陪我游览。突然，我听到奏乐的声音，便说："杀鸡哪里用得着牛刀？"子游听了，心生疑问。他说："从前，我听老师说过：'做官的学习道会产生爱人之心，老百姓学了道也容易指挥。'"我因而对随行的学生们说："子游的话是对的。我刚才的话是开玩笑啊。"教师也是人，老是板着面孔怎么受得了？

关于"宰予昼寝"问题

《论语·公冶长》："宰予昼寝，子曰：'朽木，不可雕也，粪土之墙，不可圬也。虽欲善治之，无可奈何。'"

后人依这段话的意思，谴责我对学生太刻薄了。白天读书打个盹，有什么了不起，你就大骂他是"朽木"，是"粪土之墙"！第一个责备我的人，当首推汉代的王充，他在《论衡·问孔》中说："昼寝之恶也，小恶也；朽木粪土，败毁不可复成之物，大恶也。责小过以大恶，安能服人？"

其实，我何尝如此骂我的弟子？我向来主张有教无类，凡是交纳学费的，我没有不尽心教育的。连子路那样粗野的人我都循循善诱，我何至于骂颇有几分聪明的宰予呢？这不是我的风格。或许有人会说我狡辩。白纸黑字，铁证如山，还有什么可说？不过，我还是有话要说。这是后人把"画"字写成了"昼"字。因为这两个字的繁体是极其相似的。画原作"畫"字，昼原作"晝"。怪就怪这两个字形相似。我原来用的是"畫"字，后人错写成"晝"，不仅使原话的内容面目全非，我也背了有失师表的黑锅。原来，宰予过分讲究居住条件，大肆画寝（装修卧室），我就批评他，要求他不要把力气花在装修上！粪土之墙，装修他干什么？犹如朽木，花大力气雕刻成工艺品也没有价值！我是提倡节俭的。我说过，"君子食无求饱，居无求安"。我为什么那样器重颜回，重要原因就是因为颜回身居陋巷而恬然安然！我这里是对宰予提出忠告啊！看来，错别字害死人啊。

关于"丧家狗"问题

当年在郑国，我与学生走散了，一个人站在外城的东门。郑国有个人看见了我，对寻找我的子贡说："东门那儿站着一个人，额头像唐尧，脖子像皋陶，肩膀似子产，可是从腰以下比禹短了三寸，一副疲惫潦倒的样子，真像个丧家之狗。"我听了深有感慨，这倒不是因为对我的相貌描述逼真，而是用"丧家狗"这个词形容我的境遇，太准确了！丧家狗，本意为办丧事人家的狗。一个人家办丧事，谁还顾得及问狗的事呢？我周游列国，诸侯争权夺利，没有人肯重用我，我不犹如丧家狗吗？现代人把“丧家狗”理解为丧失家的狗——野狗、疯狗，与丧家狗的本意已经大相径庭。当然，社会演变，语言也在演变，这也不足为奇。或许有人觉得以狗喻人，总不大好听。其实，古代的“狗”没有贬义的。古代的“走狗”，可以理解为“得力助手”的意思，即使到了唐宋时代，以“狗”自喻的也不乏其人。唐代的杜甫在诗中就曾两次以“丧家狗”自喻哩。

结　语

本来，人死万事休，身后之事不用去多管它。然而，我身后荣也至极，毁也至极，可誉我者也好，毁我者也罢，很少有人真正了解我的。江苏《莫愁》杂志社组织了全国各界知名人士探讨齐鲁文化。孙汉洲先生应邀在曲阜宾馆介绍了我的生平及思想概况，不想引起了热烈的争论。有位关东女作家对我不甚了解，把封建主义思想和我的思想划等号，把我骂得狗血喷头。孙汉洲先生与北京语言学院唐教授与她辩论，然而秀才遇见兵，有理说不清。那天，恰好我魂还故园，见此情景，不禁如鲠在喉，欲一吐而后快，因而有上述言论，后人从中可以窥见我被曲解之一斑了。

孔丘(孙汉洲代笔)

驳《歪批孔子——戏说孔子十大罪状》

——孔子的辩白(二)

近日刚学会上网,一“尝”现代文明的“快餐”。然而,“快餐”中有“骨鲠”堵住喉咙,不得不一吐为快——这根“骨鲠”就是署名feixue781 先生(也许是女士,以下简称 F)的“宏文”《歪批孔子——戏说孔子十大罪状》。F 在文章开头宣称:

> 历史的痕迹,由于记载的时间久远而湮灭,而窜乱、混淆,支离破碎。就像月光下的小路,梦一样隐约昏暗,忽隐忽现,在烟霞明灭之间。但是只要有足够的耐心,和一定的训练,我们总能够借助于基本事实和逻辑的力量,从中探绎、勾勒出一些线索,把碎片连缀起来,复原出它的真相,或者接近它的真相。
>
> 孔子的形象被历代的神话作者一点点涂饰得宝像庄严,金碧辉煌,离本来面目越来越远了。但仍有不少理性的人,不断追问着事物本原,为我们提示了另一个孔子形象的可能……

这几句话颇能蛊惑人心。因为作者把自己打扮成了一个真理的化身，仿佛他的文章已不是“戏说”，也不是“歪批”，而是在复原出历史上我的“真相”，至少是接近了真相。而事实上，“巧言令色，鲜仁也”。考察一下他所说内容，与事实背道而驰。我这里不得不选择几点加以辩白，让读者从中窥见其荒谬。

一、关于怨恨、嫌恶母亲问题

F断定我为私生子，本身就是妄自揣测，已使我难以忍受。更令人无法容忍的是，他还血口喷人，侮蔑我说：

> 在他的诸多著述里，却不见提到他母亲的只言片语，致使其母事迹湮没无闻，没有传诸后世。不像孟子那样，人人都知道“昔孟母，三择邻”的教子故事。我们只能推测，孔子此举的背后，大概是怨恨、嫌恶他的母亲给了他这样一个不名誉的出身。
>
> 私生子本身并不是过错，它丝毫不能给孔子抹黑。但他竟然以母亲的身份为耻，嫌弃母亲没有名分，违背“狗不嫌母丑，儿不嫌母贫”的伦常，连狗(人们常常慷慨地赠予它“义犬”的美名)都不如，却是孔子之罪了。也许在把“必也正名乎”看得很重的孔子眼里，比起丢脸的后果来，他只采取了不提及这样消极的作为，并未主动明言否认其出身来处，不能算作故意的作为。孔子悄悄把母亲颜徵在与父亲合葬，应该被看成勇敢者的举动，却不能公开承认出身的尴尬，即使是不无怯懦，也可以视为常人不能免俗的弱点，不必说得太严重了。

此等说法，真是霸道之极。就如一个昏君把罪名强加到臣子身上后，还要臣子说“吾皇圣明，臣罪当诛”一样。一个人在著述中没有提及母亲，就意味着对母亲不恭？试想，除非写回忆录的作家，有多少人会在著述中提及母亲？再说，我是“述而不作”的，哪来“诸多著述”呢？F先生由于“心虚”，在推断我“怨恨、嫌恶”母亲时用了“大概”一词。以“大概”的推断而定人罪状，这是哪一部律法的规定？

俗话说“无私而无畏”，而就F先生而言，应该说“无知而无畏”才是。因为只有这句话能够准确地描述F先生。F先生关于儒家的书读得太少了，连典籍上基本的知识都不懂。他断言，家母颜氏死后，我是违背礼节，“悄悄把母亲颜徵在与父亲合葬”。好一个“悄悄”二字，宣告了他的无知，《史记》中写得明白：我十七岁时家母去世，按“礼”应当与家父合葬。然而，我自幼随母亲迁居曲阜，不详家父葬处。为了尽“孝”，出殡之日，我停殡于“五父之衢”，以引起众人注意，借以打听家父的葬处。果然，心诚则灵，有当年的老邻居輓父之母告诉了我家父葬处。于是，我在輓父之母的帮助下完成了父母合葬的心愿。这件事，在当时社会上也算得上一大新闻，F先生怎能说是“悄悄”的呢？

再说，“孟母三迁”的故事，只是社会流传而已，并非孟子口述。用它作为论据，既不能用以证明孟子的孝，也不能拿来反证我的不孝！论辩要注重逻辑，F先生该不至于不懂逻辑学吧？

二、关于“孔子是弱智”问题

F先生骂我弱智，其论据颇多。首先是古籍《列子·汤问》中两小儿辩日远近的故事：

> 两个小孩在一起争论，一说早晨太阳矮、大得像车盖，中午太阳高、小得像盘子，近大远小，所以早晨太阳近；一说早晨凉、中午热，近热远冷，所以中午太阳近。遇见东游的孔子过路，两小孩即以此征求孔子意见，孔子却茫然不知所措，无法回答。被小孩笑道：谁说你聪明！可见他的智力尚不如黄发小儿。

《列子》是一本什么样的书？F先生也许不懂，只用“古籍”这一笼统的词语作定语。列子大约成书于晋太康二年(281)左右。是否是战国时的列御寇所作，本身就无确证。至于其中内容，寓言颇多，不乏子虚乌有之说。“两小儿辩日”连F都承认是故事，那么自然算不得史实。不以“史实”说话，而推断我“弱智”，这种做法未免太“弱智”了吧。

F先生还根据我“有鄙夫问于我，空空如也”这句话和我“述而不作”的行为判断我无知，这也是滑稽之事。首先，“空空如也”是我的谦虚之词，拿别人的谦虚之词来判断别人“无知”，未免太不厚道了吧。至于“述而不作”更是弱智的说法，也违背了历史上的真实。中外述而不作的著名学者良多，你能判断他们都是弱智吗？古希腊的苏格拉底就是一个述而不作者。记录他思想的《辩白》，是由他的学生柏拉图在他被处死后形诸文字的。

耶稣也是一个述而不作者，描述他言行的《福音书》也是由他的门徒在他被钉上十字架后几十年里完成的。F先生总不至于说苏格拉底和耶稣弱智吧。

F先生还由“知其不可为而为之”判定我弱智。他说：

> “知其不可为而为之”(《宪问》，意为明知不可能却偏要坚持去做)，是旁观者对孔子的冷眼概括，也是他毕生自觉追求的信念之一。人之所以不同于动物，是因为他有理智，能够预见自己做什么、怎么做、做不做得成。明白这一层，他才好下决心、做判断。不做无用功是行为的第一公理。比如人走路，你得弄清楚往哪儿去(目标)、走哪条路(方法)、能走通走不通(成功可能性)，才踏踏实实地上路。事先明知死路一条，路上有塌方，水深浪急又无桥无船，前面就是悬崖绝壁过不去，还非认死理儿愣往前赶，这样的人，不是脑子进了水，就是弱智。

F先生此说，似乎有些缺德了。“知其不可为而为之”，是一种殉道精神的体现。中国的历史、文化之所以能够五千年延绵不断，靠的就是无数有这种精神的人，他们被鲁迅称作“民族的脊梁”。那泽畔行吟的屈原，不渡乌江的项羽，不畏皇权的朱云，宁死不屈的文天祥，宁死不逃的谭嗣同，在F先生眼中都是弱智吗？“富贵不能淫，贫贱不能移，威武不能屈”的多少志士仁人，在F先生眼中就这么渺小吗？

三、关于“四体不勤，五谷不分”等问题

F先生说：

不辨稻黍，成了孔子的软肋、耻辱。本来“术业有专攻”，专业不同嘛，认不得庄稼有什么关系呢？不能要求讲思想史的教授非得懂农业生物技术吧？樊迟“请学稼”、“请学为圃”，孔子都不知道，连说“吾不如老农”、“吾不如老圃”，由脸红脸白、莫名尴尬，而老羞成怒得背地里大骂樊迟是“道德卑微、趣味低俗的人”。天生圣人孔子容不得对他任何的轻忽、蔑视，就拼命诋毁体力劳动者，认为品级低，得受治于他这样的人上人。他说“耕田劳作，常常要饿肚子；学习知识，则可以得到俸禄”（《卫灵公》：“耕也，馁在其中矣；学也，禄在其中矣”），用获得的收益、生活质量来衡量职业的高低贵贱，这就成了后来“万般皆下品，惟有读书高”的渊薮。

关于这个问题，老枫的《孔子鄙视劳动人民吗?》一文，说得比较透彻，引用来让F先生看看即可，不烦我再辩驳了：

孔子身上背有一个较大的罪名，那就是孔子鄙视劳动人民或农民。有些人以为，下面这个场景是孔子鄙视劳动人民或农民的重要证据：孔子的一个叫樊迟的学生前去向孔子请教种庄稼的技术，孔子回答说：“这方面的知识我不如老农。”再请教种菜的技术，孔子又说：“这方面的知识我

不如老菜农。”孔子对樊迟这个问话不太高兴，对樊迟说：“小人哉，樊须也！上好礼，则民莫敢不敬；上好义，则民莫敢不服；上好信，则民莫敢不用情。夫如是，则四方之民襁负其子而至矣，焉用稼？”意思是说，樊迟真是个小人呀，搞政治管理的如果有礼的修养，那么百姓不敢不尊敬；搞政治管理的如果伸张正义，那么百姓不敢不服从；搞政治管理的如果守信用，那么，百姓不敢不诚实守信。假如做到了这些，那么，四面八方的百姓就会背着幼儿归附，难道还需要种庄稼的技术吗？

很明显，樊迟求学农方面的知识是找错地方了。农业技术属于自然科学的范畴，这就是古人讲的“术业有专攻”。按现在的教育分类，樊迟应该去请教农业院校的老师。而孔子所教授的内容属于社会科学的范畴，是做人的学问和如何治理好国家的学问。隔行如隔山，怎么传授？孔子怎能不生气呢？樊迟真不识相啊，我孔子从小就没有种过庄稼和蔬菜，你樊迟不知道吗？不是故意给我出难题吗？再说，你要搞政治管理，只要自己把人格修养好了，讲礼、讲义、讲信用，就能把一个地方或国家治理好。

孔子这话，实际上是讲了教育分工以及管理所需知识结构的问题。就是现代社会，搞政治管理的也不是全知全才。关键是要修养好人格，懂得最基本的管理知识。管理知识与实际技能技术是不同的文化系统。

如果孔子鄙视劳动人民或者农民，那么孔子会有那么多爱民、惜民、重民的语话吗？如：“居敬而行简，以临其民。”子贡曰：“如有博施于民而能济众，何如？可谓仁乎？”

子曰："何事于仁，必也圣乎！尧舜其犹病诸！"（《雍也》）孔子认为做到"博施于民"就是圣人。再如："节用而爱人，使民以时。"（《学而》）"其养民也惠，其使民也义。"（《公冶长》）等等。"小人"与"君子"这对概念，是从一个人的修养所达到的水平和职业所处的地位这个角度讲的。一般而言，做人的学问和为官的学问是非常复杂的学问，里面不仅涉及到很多具体知识，而且涉及到许多抽象知识，如一个政治家必须懂得哲学。而哲学家是高深的学问，相对一般的农业技术而言（农业理论知识是另外一回事，但孔子那个时代还没有诞生农业理论知识），哲学要高级得多。而且要懂得"识人"，人是最复杂的高等动物，"识人"比简单的农业劳动难得多。孔子在《论语》里很多地方都讲到"君子"和"小人"的概念。通过对这两个概念的反复比较研究，笔者认为，孔子的"君子"和"小人"概念其实是相对论。有学问、有修养、有美德美行、有社会地位、有社会美誉的人就是君子。相对的就是小人。在多数情况下使用"小人"这个概念并不是贬义，而是说这个人没有社会地位，没有经过教育，没有较好的人格修养，社会活动范围极小，也不会处世，有时甚至会做错事。在那个时代，教育没有普及，一般的平民百姓就属于这类人。如："君子周而不比，小人比而不周。"（《为政》）"君子怀德，小人怀土；君子怀刑，小人怀惠。"（《里仁》）"君子喻于义，小人喻于利。"（《里仁》）（如当今的腐败分子就是小人，只知道捞钱谋利。）子谓子夏曰："女为君子儒，无为小人儒。"（《雍也》）子曰："君子坦荡荡，小人长戚戚。"（《述而》）"君子成人之美，不成人之恶。小人反是。"（《颜渊》）子曰:“君子和而不同,小人同而不和。”(《子路》)子曰:“君子泰而不骄,小人骄而不泰。”(《子路》)“君子而不仁者有矣夫,未有小人而仁者也。”(《宪问》)“君子上达,小人下达。”(《宪问》)“君子义以为上。君子有勇而无义为乱,小人有勇而无义为盗。”(《阳货》)这些话语证明,孔子关于“君子”和“小人”的概念不过是对人的德行和社会地位的高下区别。这个区别是客观存在的,在现代社会也存在,不存在对劳动人民或农民的鄙视。“文化大革命”中批判孔子,说他鄙视劳动人民,把这段话作为重要证据。时至今日,人们还在延续这个错误的认识,误读圣人之意,实在令人惋惜。

F先生还根据《论语·泰伯》“民可使由之不可使知之”来断定我奉行愚民政策,把体力劳动的“小人”排斥在文化和社会参与之外。其实,这句话的断句方法有六种之多。这里列举四种于下:

1. 民可使由之,不可使知之。

2. 民可,使由之;不可,使知之。

3. 民可使,由之;不可使,知之。

4. 民可使,由之不可,知之。

F先生仅按照第一种断句方式把这句话理解为:“老百姓只可以让他按当政者的要求去做,但不可以让他们知道为什么这样去做”,因此妄下断论。其实按后面三种断句方法,都不会得出以上结论。就拿第二种断句法翻译吧,大意为:老百姓如果能够身体力行,就让他们做;老百姓的能力如果达不到,也要让他们了解和明白。F先生为什么不取这一种解释呢?要么是F先生文言文功底欠深厚，要么是别有用心！

更为可笑的是，F先生断定，“孔子不喜欢体育运动，即使周游列国四处颠簸，也是坐在牛车上，凡事由弟子们代劳”。我真的不喜欢体育运动吗？否！那个时代教师多是综合型的，一个教师“礼、乐、射、御、书、数”六艺都要教。我敢说，我对体育也不外行，《论语》上记载，我对体育深有研究。我说过：“君子无所争，必也射乎！揖让而升，下而饮，其争也君子。”看，我提倡公平竞争，比西方人的“费厄泼赖”(fairplay)早得多呢！另外，我真不相信F先生说话会如此没有逻辑性。他竟然以我“周游列国坐牛车”判断我不爱体育活动。春秋时代坐牛车，就像现代外出坐汽车、火车乃至飞机一样。难道说现代坐汽车、火车、飞机的人都不爱好体育活动吗？君不见中国的体育运动员出国比赛都是“飞来飞去”？

四、关于“马屁精”问题

F先生把我见到君主讲究礼节，称为奴颜媚骨，拍马屁。这真是岂有此理！难道一个人不尊敬上级才叫不拍马屁？此公也许中“造反有理”的流毒太深了吧。请F先生注意，我是“礼”的倡导者、传播者，也是践行者，我不仅对君子主张如此，对平民百姓也如此。君不见《论语》记载：在举行乡间饮酒仪式结束后，我总是让年长者先出门后我才出门；我见到穿丧服的人，即使以前很熟悉，也一定改变态度，脸色郑重起来；看到盲人，即使是常客，也要特别讲礼貌；我坐车外出，看到送丧服的人，我也要扶轼探身以示尊重。难道这都是拍马屁吗？

至于我二十岁时生儿子，鲁昭公送鲤鱼以示祝贺，我就给儿子命名为“鲤”字为“伯鱼”这件事，也成了F先生认定我为“马屁精”的证据，这也过分了。F先生诋毁的不仅是我个人，而是中国古代的民俗。中国人以值得纪念的事物给子女命名，旨在图个吉利，哪有F先生想的这么多？郑庄公是其母倒生出来的，就叫“寤生”。毛泽东祖母带着幼小的毛泽东拜了大山里的一块石头做干妈，就起个小名“石三伢子”。新中国成立后的一段时期，孩子叫“和平”、“跃进”、“援朝”、“文革”的也比比皆是。F先生的“马屁精”之说，可以休矣。

五、关于“官迷”问题

F先生将“学而优则仕”一语作为我是官迷的论据，是由于没有读懂原文。我在前面的《我是天下被曲解最多的人——孔子的辩白(一)》中对此已作了解释，建议F先生去读一读好了。

这里我要说的是，想当官不等于官迷。我是个入世主义者，我有兼济天下的情怀。对于中国古代的知识分子而言，除了做官，还有什么实现自己理想的好方法吗？

我想当官是真的，但是我绝不是官迷。我五十五岁那年，鲁君在我的辅佐下，国家出现了治世气象。齐国畏惧，就设法破坏鲁国政治。齐国选送了美女八十人，衣以“纹衣”并馈赠文(纹)马二十四驷。季桓却欣然接受。鲁国君臣因而沉湎于女色，多日不听朝政。我眼看抱负难以实现，便恋恋不舍地告别“父母之邦”，开始了十四年的周游生涯。试问，一个官迷能这样做吗？

“不义而富且贵，于我如浮云”，这是我的宣言，请F先生翻开《论语》看一看！

六、关于“子见南子”

“子见南子”，确实如F先生所说，是一件著名的事。《论语·雍也》中也有过记载：“子见南子，子路不说。夫子矢之曰：‘予所否者，天厌之！天厌之！’”

我见南子实有其事，子路不高兴也实有其事。然而，我已经发誓没有不轨行为了。我的人格，是当时人与后代人公认的，我的誓言已经让学生信服。F先生轻率否定，根据何在？请注意，春秋时代的人们发誓，特别在亲友面前发誓是郑重的，不像现代有些人那么轻率。F先生该不是以小人之心度君子之腹吧？

七、关于“轻视妇女”问题

“唯女子与小人为难养也”这句话，是我说的，但是，就此认定我轻视妇女，也毫无道理。

这里要首先澄清一个逻辑问题，逻辑学告诉我们，概念的外延可以临时扩大或缩小。如：《诗经》“母也天只，不谅人只”中的“人”，并非指所有人，只是指诗中女孩子自己。白居易《琵琶行》“浔阳地僻无音乐，终岁不闻丝竹声”中的“音乐”，指的是士大夫眼中的“阳春白雪”一类的音乐，“山歌羌笛”一类的民间音乐是不在其列的。我这里的“女子”的外延也缩小了，特指的是“一些以色取悦于人”，被人“豢养”的女子。诸如卫国的南子等宫中佳丽、齐国馈赠鲁国的女乐等。当然也包括时下的“二奶”、“小蜜”等等。请注意我话中的一个“养”字！“养”字已经把夫妻、子女之列的“女子”排除在之外了。此等女子，确实“近之则不孙(逊)，远之则怨”。古今多少男人国亡于斯，家亡于斯，身亡于斯？总之，一个从事业巅峰摔落下来的男人，往往后面站着一大群这样的女子，难养乎？难养也！可惜，我这句话在F之前已被无数人误读过。试想，那些从事业巅峰跌落的男人们如能正确解读我这句话，并奉为座右铭，何至于此？

还有一句话要说，我倒担心F先生是个轻视女子者。否则，就不会在我见南子这件事上做什么文章了。他说："孔子涉嫌暧昧，跑到南子这样声名不好的女人门下，名节污损，确是板上钉钉、做成铁案了。"看，他也看不起南子，我就不能说南子一类的女子难养吗？

八、关于"虐待狂、迫害狂"问题

F先生对于这个问题似乎振振有词：

> 孔子辱骂学生，有辱师德。孔子的大弟子宰予，是最聪明的一个，因为喜欢剑走偏锋、提怪问题刁难师长，不大招老夫子待见。那天可能头天晚上熬夜睡眠不足，或者嫌老师讲课啰啰嗦嗦老一套，溜号打了个盹儿，做了通白日梦，或睡了会儿午觉（昼寝），就被孔子骂道："腐朽的木头雕刻不成器具，粪土做的墙无法粉饰"（《公冶长》："朽木不可雕也，粪土之墙不可圬也"）。学生不过走了一会儿神（哪有不走神的学生呢），就大骂出口，哪里还有一点点为人师表的慈爱、宽容、雅量，一代大师的风范！
>
> 问题是孔子这方面的劣迹不止一起。他骂樊迟"小人"，声色俱厉地要学生对冉求"鸣鼓攻之"，辱骂、虐待学生成瘾，已经是习惯性的了。有次孔子说"像子路这样的人

呀，恐怕得不到好死啊”(《先进》:“若由也，不得其死然”)，后来子路果然暴死于卫国，就多少与老师的乌鸦嘴有关。作为教育家的孔子，在他老人家的尊严没有被冒犯时，还是能“诲人不倦”、“循循善诱”、“有教无类”的。只是一旦拂了他老人家的龙鳞就难免勃然大怒了。全忘了自己说过“忠恕”(《里仁》:“吾道一以贯之……忠恕而已矣”)、“自己不愿承受的，就不要强加给别人”(《颜渊》:“己所不欲，勿施于人”)的话了。

关于骂“宰予”的事，我在上一篇《我是天下被曲解最多的人——孔子的辩白(一)》中说得很清楚，F先生且读一读罢。

关于骂樊迟的事，本文前面已经引用老枫的文章作了说明，这里也不再赘述。至于批评冉求的事，也谈不上“虐待、迫害”问题。我们不妨来看一下《论语》原文：

> 季氏富于周公，而求也为之聚敛而附益之。子曰：“非吾徒也。小子鸣鼓而攻之，可也。”

季氏比周公还要富，然而冉求还要为他搜刮民脂民膏，增加他的财富。这种做法是“损不足”而“增有余”的不义行为。社会需要和谐，他应该劝季氏解囊济贫才是。他至少有两重不是：一是违背了我重视民生，希望社会和谐的愿望；二是为人家臣，非但不劝主人向善，却投其所好，这是陷人于不义的行径。对学生这样的行为我加以批评何错之有？学生有错误，教师加以批评指正，正是有责任心的表现，哪里算得上摧残迫害呢？真是岂有此理！

关于“子路之死”，F先生把责任推到我的头上，骂我是“乌鸦嘴”，实在是颠倒黑白！子路与我年龄相差无几，虽名为师生，实情同兄弟。学生中，子路经常顶撞我，但并不影响我们的友谊。我何至于骂他不得好死呢？原话是这样的：

闵子侍侧，訚訚如也；子路，行行如也；冉有、子贡，侃侃如也。子曰：“若由也，不得其死然。”

我主张“有教无类”，关爱每一位学生，因而平常注重观察学生。我发现子路一副“行行”（神情刚勇）的模样，便担心他会勇于战事，不得善终。

因而，我在平常教育他时，便煞费苦心地为他在思想上降温。一次，学生们一起讨论。别人问我：“听到认为正确的道理就应该立即实行吗？”我回答说：“可以。”而子路也问这个问题时，我却回答说：“不可以，家中有父母兄弟，怎么可以不商量就草率去做呢？”我这里就是“因材施教”，为子路防不幸于未然啊。

还有一次，我跟颜渊说：“用我就大干一场，不用我就自我藏敛。只有我和你能够做到啊。”

子路听了，有点不高兴。他便问我：“先生如果要率领三军打仗，那么和谁一起去呢？”

子路军事上确实高人一筹，他认为这下子该点他的“将”了。本来，我也应该肯定他，但是，我决心再给他泼一下冷水，以免不测。我说：“赤手空拳去打老虎，单着身子渡黄河，死了也不后悔的人，我是不与他一道共事的。我要找那些遇事有警惕之心，善于谋虑，能成事的人。”我话中有话，言下之意还是告诫他做事要深思熟虑，有所畏惧。可惜的是“江山易改，本性难移”。他终于还是在一次战斗中遇难。据说被敌人剁为肉泥。消息传来，我伤悼不已。当时厨房中有肉酱，令我联想到子路的不幸，于是吩咐人把它倒掉。今天谈到此事，心中还隐隐作痛。F先生混淆黑白，把我对子路的一片苦心说成是“咒骂死了子路”，真是往人的伤口上撒盐啊。想不到F先生恶毒至此！

九、关于“两面派，言行不一，表里不一”问题

F先生攻击我“两面派，言行不一，表里不一”的证据是我说过“没有人了解自己也不烦怒，这不是君子吗”、“不义富且贵，于我如浮云”，但是我又说过：“道不行，乘桴浮于海。从我者，其由与？”

最后这句话是一个假设句，意思为：“如果我的学说行不通了，乘坐木筏流浪，子路也会追随我的。”这是在赞扬子路的忠心。而F先生却曲解文意，硬是说我在发牢骚，言下之意是“在中原得不到富贵，就要到蛮荒之地羌氏戎夷的外国去”，并说“其间难免有些里通外国，出卖情报的嫌疑”。他还梦呓一般把“假设”当成真实，说什么我真的“偷渡”了，“只是那时的航海技术不过关，老夫子呛了几口海水又转回来了”。F先生真不愧为强奸人意，信口雌黄，演绎故事的高手。吾等老实人自愧不如。

另外，F先生还有一个证据。他攻击我说：

> 在公开场合声称“吃粗粮，喝冷水，弯着胳膊当枕头，快乐就在其中了”（《述而》：“饭疏食，饮水，曲肱而枕之，乐亦

在其中矣”),“吃一竹筒饭,喝一瓢水,住在简陋狭小的巷子里,别人都受不了那种穷苦忧愁,他却不改变自有的乐趣。他真是贤明啊,颜回呀”(《雍也》:“一箪食,一瓢饮,在陋巷。人不堪其忧,回也不改其乐。贤哉,回也”),以对清贫生活的亲和,塑造公众形象。事实上,私下里他老先生的饭桌却是“米饭不嫌舂得精白,鱼肉不嫌切得细致”(《乡党》:“食不厌精,脍不厌细”),讲究、挑剔着呢:饭菜馊了,鱼肉腐烂了,菜品变了颜色,时辰安排不得当,煮得火候不到,没合适的佐料,桌子摆得不对、席次安排有问题,都不吃(《乡党》:“食饐而餲,鱼馁而肉败,不食。色恶,不食。臭恶,不食。失饪,不食。不时,不食。割不正,不食。不得其酱,不食。肉虽多,不使胜食气”)……一副美食家派头。

这种攻击,也是苍白乏力的。我提倡安贫乐道,并不等于有好饭菜就不吃,不讲究就餐礼节与饭菜的质量!F先生把我的这种做法也称为“两面派,言行不一”,真会“严以律人”啊。

F先生还说我在家乡、在宗庙、朝廷,在下级同僚面前说话语气、神态不一样,也是两面派行为。这是F先生没有语文常识与任教常识的表现。据我所知,时下高考考试范围都有“语言得体”的内容。我在不同语言环境中做到了“说话得体”,何错之有?现在,举国注重精神文明建设,F先生竟然以此来攻击我,是认识水平低,还是别有用心?

另外,他说我“两面派,言行不一”的另一理由是我一边主张废除死刑,一边又杀了少正卯。这也是需要澄清的一个问题。《论语·颜渊》载:

季康子问政于孔子曰:“如杀无道,以就有道,何如?”孔子对曰:“子为政,焉用杀?子欲善而民善矣。君子之德风,小人之德草。草上之风必偃。”

世上最可怕的是国君有杀戮之心。我说“焉用杀”,是抑制国君的杀戮之心,并非如F说的要废除死刑。另外,我还乘机劝君王“以德治国,教化百姓”,可谓用心良苦。F先生凭什么丝毫不体谅我呢?

至于杀少正卯,那是我做大司寇的职分,与我劝君主不滥杀无辜并不矛盾。杀少正卯之事,今人中山大学法学院教授马正武先生写了一篇《孔子杀少正卯考论》,已经为我说了公道话,建议F先生也去拜读一下。

十、关于“大滑头、机会主义者”问题

F先生认定我是“大滑头、机会主义者”,主要由我对鬼神的态度问题发难。

F先生说:

孔子不谈怪异、暴力、叛乱、鬼神”(《述而》:“子不语怪、力、乱、神”),是人们对孔子鬼神观的一般印象。于是,他删削了古代典籍里这类大量材料,使得中国远古神话传说几乎失传。

但是他从不明确否定鬼神,而是让人们要敬重它,祭拜它,“当你祭奠神灵时,神灵就存在了”(《八佾》:“祭神如神在”),“尊敬鬼神却疏远它们”(《雍也》:“敬鬼神而远之”),

……杀牲铺排沐香祭拜，敬鬼神的同时，又要求对它保持距离。“连人生在世的道理都还没全懂，怎么能顾及到死后的事情呢？”（《先进》）……孔子主张“克己复礼”，“举逸民，兴周礼。未知生，焉知死……”一会儿关注此生，淡漠来世，给人无神论的印象；一会儿又“害怕上天的意志和命运”（《季氏》：“畏天命，君子三畏之一”），“得罪了天，在哪里也是没法子祈祷的呀！”（《八佾》：“获罪于天，无所祷也”），“哎呀，老天爷要灭我呀，老天爷要灭我呀！”（《先进》：“噫，天丧予，天丧予！”）匍匐在命运脚下，颤颤巍巍，像遭了灭顶之灾一样，惶惶不可终日。

而当孔子要自我神化时，总习惯搬出天命来。“我的品性、道德是上天赋予的”（《述而》：“天生德于予”），“我五十岁就懂得了什么是天命”（《为政》：“五十而知天命”），子曰：“凤凰鸟不飞来，黄河也不出现八卦洛书祥瑞，我背负的光大周礼的圣王使命就要完了！”（《子罕》：“凤鸟不至，河图不出，吾已矣夫”）……老夫子撒出这些神秘的东西（怪、力、乱、神），无非是为自己画上天命的光环，让人盲目地仰视、致敬，眼迷五色，诚惶诚恐。

F先生这段话，颇有一定的煽动性，对我知之甚少者是容易被迷惑的。

我首先要说的是要正确解读我的话。《论语·述而》记载说“子不语怪、力、乱、神”。这里的“不语”，是谈得少（不多）的意思。汉语中“不”、“没有”一类的否定词与名词组合，有时有“少”的意思。例如，教师说“学生不学习”，是指“在学习上花的功夫少”，父母说孩子“不吃饭”，是指孩子吃饭少而已。又如“没有钱”，意思为“钱少”。“没有枪，没有炮，敌人给我们造”这几句歌词中，“没有”也是少的意思。“子不语”是“子少语”的意思。由此看来，《论语》中我偶然谈谈鬼神也就不足以判为“言行不一”了。在这里，我还需要指出的是，F先生要求过于苛刻了。两千五百年前的人们是普遍笃信“鬼神”的，我“少语”鬼神，“敬鬼神而远之”，已经是思想够先进的了。至于偶然言及鬼神，没有充分否定鬼神，也被苛责，是我难以想象的。我不是生活于当代的马克思主义无神论者，请注意！

其次需要说的是，F先生在上述引文中也有断章取义之嫌。如《论语》原文为：“祭如在，祭神如神在。”子曰：“吾不与祭，如不祭。”这两句话译成现代汉语为：“祭祀祖先时就不像祖先真在面前，祭祀神祇时就像神真在面前。”“我不参与祭祀，即使叫别人代理，心中仍如不祭祀一样。”这里只是谈了一种心理现象，不能推断出我要人们敬重、祭拜鬼神的结论。再说，“祭神如神在”一语，F先生译成现代汉语时变味了，变成了“当你祭奠神灵时，神灵就存在了”。这种翻译是有失“信、达、雅”原则的，为什么省略了“如”字？

结　语

我似乎天生就是挨骂或挨捧的主儿。捧我为“圣人”者，大多为统治者，需要借我的理论来维持社会秩序。骂我的，大多为变革者，他们厌屋及“乌”，把我当作绊脚石一路骂去。这两者都还情有可原。因为他们“醉翁之意不在酒”。然而，F先生是不在这二者之列的，他完全是在哗众取宠，希望与“孔子热”唱唱反调来抬高自己。也许，F先生私下认为，骂了孔子就比孔子更高明了！可惜的是，F先生骂得太拙劣了，使我很是委屈。是的，被有能力的人骂了，虽然会受委屈，但心理也许平衡些。最难受的是被不配骂的人骂了，自感掉了价。

我也是一个创新型人才

——孔子的辩白(三)

"创新"是一个民族进步的灵魂,是国家发展的不竭动力,这已成为时下人们的共识。目前,国家非常重视创新型人才的培养,高薪养"士"的现象频频出现,令我感叹生不逢时。我生前四处碰壁,惶惶然若丧家之犬,身后虽有人捧却也有人骂。骂我者无不认为我思想保守、复古、倒退,与创新毫无缘分。其实,我也是一个创新型人才。我的诸多创新成果至今仍引领时代潮流。谓予不信,请听我慢慢道来。

一、开创民办教育的先河

自古学在官府,只有少数贵族才有机会享受良好的教育。这对国民素质的提高是一个桎梏。如何打破这个桎梏?这就需要有创新精神的学者另辟蹊径。我敢说,我是打破"学在官府"桎梏,开创民办教育先河的第一人。也许,在我之前,也有人设帐授徒,然而远没有我的办学规模大;也许,与我同时代也有人设帐授徒,然而缺少我的韧性。我在被迫离开鲁国,颠沛流离的十四年间,从没有放弃过教育活动。

我弟子三千，贤人七十二，其中固然有贵族子弟，但也有许多下层人民子弟，如家贫如洗的颜回、汴之野人子路。诸多平民百姓子弟，是我给了他们接受教育、成为良材的机会。

如果说儒家精神成了此后两千多年中华民族的文化支柱的话，那么，正是得力于我开创民办教育的成果——培养了一大批传承薪火的人才。

其实，此后两千多年来，民办教育一直是中国教育的主流形式。新中国成立后，一度由国家包办代替，然而难免捉襟见肘。改革开放后，民办教育再度兴起，对公办教育是一个有力的促进和补充。这无不在诠释我开创民办教育先河的创新意义。

二、首倡"终身教育"

终身教育，是当今世界一个时髦的话题，联合国教科文组织五十年前才开始重视这个问题，而我两千五百年前就有了"发轫"之说。

1965年，在巴黎举行的联合国教科文组织成人教育会议上，法国教育家保罗·朗格朗首次以"终身教育"为题作报告，引起了强烈的反响。1972年，联合国教科文组织发展委员会出版的《学会生存》一书将"每一个人必须终身继续不断地学习"作为制定教育政策的指导原则，并与人的生存和发展联系起来。从此，终身教育逐渐成为一股强有力的现代教育思潮。

不少人因此误认为"终身教育"的思想发轫于保罗·朗格朗。其实不然。

我曾说："吾十有五而志于学，三十而立，四十而不惑，五十而知天命，六十而耳顺，七十而从心所欲，不逾矩。"（《为政》）我这是谈人生的各个阶段，从年幼到古稀，不断地自我学习，自我教育，身心不断臻于新的境界。我还身先示范："发愤忘食，乐以忘忧，不知老之将至"(《述而》)，即使到了晚年，我还希望能多活几年，以便有充裕的时间学习《易经》。正因为如此，日本人持田荣一在《终身教育大全》一书中庄严宣称：孔子为东方"发现和论述终身教育必要性的先驱者"。

三、开创人才流动风气

春秋末期，交通不发达，人际交流尚且困难重重，人才交流更是举步维艰。"鸡犬之声相闻，老死不相往来"的现象十分严重。

说不清多少优秀人才，由于地域的局限，"英雄无用武之地"，如"良骥而老死槽枥之间"。这种现象，严重阻碍了社会生产力的发展。

我带着学生周游列国，历经千难万险，百折而不挠，开创了人才交流的风气。我们所到之处与各国君主、大臣以及各界社会人士接触，传播了自己的主张与思想，给原本沉寂的土地带来一缕清风。应该说，在周游过程中，我的学生们了解了各个国家，同时也被各个国家所了解。他们自身或者后学因而打破国家疆域的限制，成为国际性人才。正如《史记·儒林列传》所说：

> 自孔子卒后，七十子之徒散游诸侯。大者为师傅卿相，小者友教士大夫，或隐而不见。故子路居卫，子张居陈，澹台子羽居楚，子夏居西河，子贡终于齐。如田子方、段干木、

吴起、禽滑釐之属，皆受业于子夏之伦，为王者师。

试看，人们在春秋末期的记载中，除我以及弟子以外，是无从发现平民学者、文人、思想家的活动痕迹的。我身后不过几十年，中国政治、思想、军事、文化领域突然出现了百家争鸣的灿烂局面，与我率领子弟周游列国的影响不无关系。战国时代游说之风盛行，其源盖出于我也！现在，国家允许诸多学者漂洋过海，被誉为“改革开放”之举，其实，我就是一个两千五百年前的“改革开放者”！

四、健康理念的创新者

健康长寿，是人们的普遍愿望。然而，如何才能健康长寿？这就未必人人都知道了。而我，早在两千五百年之前就提出健康新理念，至今仍有现实意义。

首先，我主张人们应注重心理健康：“君子坦荡荡，小人长戚戚。”（《述而》）我注重幽默感的培养，语言力求幽默，因为幽默是健康的调节剂。一次，我带领学生们到了武城。当县长的子游热情接待我们，并陪我们游览市容。突然，我听到了弦歌之声，就开了个玩笑：“割鸡焉用牛刀？”我是一向主张礼乐教化的。子游听了便当场质疑。当我解释是玩笑时，大家都乐了。试想，周游列国，颠沛流离，这样一来，大家岂不心情放松了。

我们那个时代，物质生活贫乏，许多人饥不择食。然而，我却主张饮食卫生，并以身作则：“食饐而餲，鱼馁而肉败，不食。色恶，不食。臭恶，不食。失饪，不食。不时，不食。割不正，不食。不得其酱，不食。”（《乡党》）

酒，人之所好，古今不乏狂饮者，伤身乱性，不胜枚举。我因此提出了饮酒观："不为酒困。"(《子罕》)"唯酒无量，不及乱。"(《乡党》)

不少人吃饭时大吹大擂，睡觉时絮絮叨叨，这也不利于健康。因此，我提出了六字方针："食不言，寝不语。"(《乡党》)

为了倡导科学的饮食方式，我虽遭非议仍不改初衷。当时宴席习俗，先吃水果后吃饭。而我则先吃饭后吃水果。于是有人讥笑我不知礼，然而，我坚持不改。现代科学证明我的饮食方式是对的。试看如今国内大小饭店，无不是最后才上果盘，在这方面我曾领风骚两千年！

五、人道精神的倡导者

《现代汉语词典》是这样解释"人道主义"的：起源于欧洲文艺复兴时期的一种思想体系。提倡关怀人，尊重人，以人为中心的世界观。法国资产阶级革命时期，把它具体化为"自由"、"平等"、"博爱"等口号。它在资产阶级革命时期起过反封建的积极作用。

由这个定义来看，两千五百年前的我已经初步具备人道主义思想了。

先说关怀人、尊重人和博爱吧。我主张"泛爱众而亲仁"(《学而》)。"泛爱众"就是博爱的意思。我下班回家，听说马厩失火，我只问有没有人烧伤。对于马，我一字未提。我这岂不是尊重人、关怀人？对老人、残疾人、戴孝的人，我无论言语或行动都恭恭敬敬，这岂不是尊重人？用人俑陪葬，春秋乃至后代秦汉时代都盛行。而我对此十分气愤。我很少骂人，然而在这个问题上忍不住骂道："始作俑者，岂无后乎？""仁者爱人"是我的著名论断，现在仍备受世人推崇。再过两千年，这个论断也不会落后！

至于自由、平等，那也是我倾心追求和大力提倡的。

我曾与子路、曾皙、冉有、公西华几个学生在一起聊天。我要求学生各人谈谈自己的志向。子路、冉有谈的是治理国家的事，公西华谈的是宗庙会同方面的事，我听了没有表现出多大的兴趣。对于子路只要用三年时间就能把一个有千乘兵车，处于内忧外患中的国家治理好的说法，也不以为然。但是，对曾皙的话我却大加赞赏。那么，曾皙说了些什么？原来，曾皙的理想是投身自然，春日畅游。他描述了一幅春游图："暮春三月，莺飞草长，春风习习，柳丝依依。这时候穿上刚刚做好的春衣，带上五六个小伙子，六七个小孩子，在沂水中洗个澡，到舞雩台上吹吹风，乘兴回家，留下一路歌声……"我听了，不由拍案叫绝，明确表态说："我赞成曾皙的！"

我为什么如此激动呢？因为我崇尚自然，崇尚自由！

关于男女情爱之事，中国人向来是态度保守的。许多人认为这是孔孟之道所致。其实，我是不反对男女恋爱自由的。《诗经》中情歌那么多，我在整理的时候不仅没有删除，反而予以高度评价："诗三百，一言以蔽之，曰：'思无邪'。"思无邪，情也无邪。许多人认为我是个性解放的反对者，委实冤枉。

我在从事教育活动时，提倡师生平等，提出了"有教无类"的主张，"当仁不让于师"的论断，还总结出了"启发式"、"讨论式"、"因材施教"等教学原则，其中无不渗透着"平等的思想"。这一点，连向来标榜以"平等"思想为定国之基的美国人也早就对我十分钦佩。美国建国初期的那位叫做杰弗逊的总统就公开承认,《独立宣言》中关于“人人获得天赋若干规定而不可移之权利”的条款,思想源头就来自于我!

六、大同思想蓝图的草拟者

大同思想,是我思想体系的一个组成部分。共产主义,是时下国人的信仰。其实,共产主义思想与我的大同思想一脉相承。青年时代的毛泽东就说过:“大同者,吾人之鹄也。”这里不妨引用最近“百度·孔子吧”中的一篇短文的相关内容,以证明我之所述不谬:

> 中国先进知识分子之所以历史性地接受了马克思主义,就在于社会主义、共产主义契合了儒家文化所设定的大同理想。郭沫若曾明确地指出,他就是因为信仰儒家的大同理想而走向马克思主义的,这是因为马克思主义与儒家文化在精神上是相通的。他说:“儒家的思想本是出入无碍,内外如一,对于精神方面力求全面的发展,对于物质方面亦力求富庶。精神是离不开物质的,精神的教养在富庶之后,这个为政的秩序,孔子自己是已经说过的了。”“所以在我自己是肯定孔子,肯定王阳明,而同时更是信仰社会主义的。”1925 年,郭沫若试图写一篇关于马克思主义的社会主义与儒家大同学说的比较文章,但最后却写成了一篇谐谑性的小品——《马克思进文庙》。这篇作品虚构了马克思与孔子会见的情形。马克思请教孔子,想弄清楚他的主义与孔子思想究竟“怎样不同,而

且不同到怎样的地步？”然而双方通过一番比较发现双方的基本精神是相同的。第一，马克思主张对世界和人生持肯定态度，而孔子也是注重利民厚生的。第二，马克思的理想是要实现各尽所能，各取所需的共产社会，而这与孔子的“大同世界”不谋而合。第三，马克思主张发展生产力，而孔子也认为他并不反对发展生产力，反而是主张“先把产业提高起来，然后才可以均分”的观点。通过一番对话，马克思最后对孔夫子说道：“我想不到两千年前，在远远的东方，已经有了你这样的一个老同志！你我的见解完全是一致的，怎么有人曾说我的思想和你的不合，和你们中国国情不合，不能施行于中国呢？”于是郭沫若得出结论：要把马克思主义与儒家文化结合起来。他说：“我的想法是：在个人的修养上可以体验儒家精神努力于自我的扩充以求全面发展，而在社会的兴革上则当依社会主义的指导努力吸收科学文明的恩惠，使物质的生产力增加，使物质的分配平等，使各个人的精神都得以遂其全面发展。”在郭沫若看来，这是东西文化结合的最佳途径。

赫尔格森援引了最近在韩国进行的一项调查，在这项调查中，89%的受访者都认同儒家的为政者应“为民父母”的思想。而87%的人与我一样，认为理想社会应该是“天下大同”。或许有人说，这只能代表韩国这个受儒家思想影响极深的国家的情况。但赫尔格森又有一项论据为：在丹麦的一项调查中，出人意料的是，有75%的受访者同意“天下大同”的思想。

我相信，我的“大同思想”即使短期无法实现，但它始终是人类希望天空中灿烂的星光。

结 语

以上文字，只列举我思想创新表现之一隅。诸多内容，孙汉洲先生专著中还将详加论述。读者根据本文所说，能够承认我是一个创新型人才，我就知足了。

附：孔子年谱

一岁　公元前551年，周灵王二十一年，鲁襄公二十二年夏历八月廿七日，孔子生于鲁国陬(zōu)邑昌平乡(今山东省曲阜城东南尼山附近；今尼山下有“坤灵洞”，传说为孔子诞生地)。因父母祷于尼丘山而生，故名丘，字仲尼。

二岁　公元前550年，周灵王二十二年，鲁襄公二十三年，孔子在鲁。

三岁　公元前549年，周灵王二十三年，鲁襄公二十四年，孔子的父亲叔梁纥(hé)去世，葬于防(今曲阜市东二十五里处之防山，今称梁公林)。孔子的母亲颜徵在携孔子移居鲁国的首都曲阜阙里定居，孤儿寡母，家境贫寒。

四岁　公元前548年，周灵王二十四年，鲁襄公二十五年，孔子在鲁。

五岁　公元前547年，周灵王二十五年，鲁襄公二十六年，孔子在鲁。

六岁　公元前546年，周灵王二十六年，鲁襄公二十七年，孔子在母亲颜徵在的教育下，自幼好礼，“为儿嬉戏，常陈俎豆，设礼容”(《史记·孔子世家》)，演习礼仪。

七岁 公元前545年，周灵王二十七年，鲁襄公二十八年，孔子在鲁。

周灵王死，其子贵立，是为周景王。

八岁 公元前544年，周景王元年，鲁襄公二十九年，孔子在鲁。吴公子季札赴鲁观周礼——鲁系周公封地，可用天子礼乐，所以保存周礼较完备。

九岁 公元前543年，周景王二年，鲁襄公三十年，孔子在鲁。

这一年郑国子产执政，“使都鄙有章，上下有服，田有封洫，庐井有伍”（《左传·襄公三十年》）。郑国大治。后来孔子对子产的政绩评价很高。

十岁 公元前542年，周景王三年，鲁襄公三十一年，孔子在鲁。

鲁襄公死，其子稠（chóu）继位，是为鲁昭公。郑人游于乡校，议执政善否。然明劝子产毁乡校，子产不听，曰：“其所善者，吾则行之，其所恶者，吾则改之，是吾师也，若之何毁之？”孔子后来评价子产这些话时说：“以是观之，人谓子产不仁，吾不信也。”（均见《左传·襄公三十一年》）可见孔子对子产尊重民意评价很高。

十一岁 公元前541年，周景王四年，鲁昭公元年，孔子在鲁。

十二岁 公元前540年，周景王五年，鲁昭公二年，孔子在鲁。

春，晋侯使韩宣子聘鲁，观书于太史氏，见《易象》与《春秋》，说：“周礼尽在鲁矣。吾乃知周公之德与周之所以王也。”（《左传·昭公二年》，此类文献大概为鲁国所专藏，这是孔子成长为中国封建社会的圣人的土壤。

十三岁　公元前 539 年，周景王六年，鲁昭公三年，孔子在鲁。

齐国晏婴使晋，与晋卿叔向谈及齐政归陈(田)氏，因齐君加重赋税，滥取于民，而陈氏采用施恩于民、收为己助的办法，以弱公室。叔向认为晋国公室已到了末世，人们听到国君的命令，“如逃寇仇”(《左传·昭公三年》)。可见这时阶级矛盾和统治阶级内部的矛盾已经很尖锐了。

十四岁　公元前 538 年，周景王七年，鲁昭公四年，孔子在鲁。

孔子说：“吾少也贱，故多能鄙事。”(《论语·子罕》)说明孔子少年时代曾从事过各种劳动。

冬，郑国子产制定丘赋制度。

十五岁　公元前 537 年，周景王八年，鲁昭公五年，孔子在鲁。

孔子说：“吾十有五而志于学。”(《论语·为政》)这时孔子在童年艰苦学习的基础上，更自觉地在学业和品德上不断提高和完善自己。

鲁国改三军为四军，叔孙、孟孙各领一军，季孙领二军。当时军、赋统一，分军即分赋，所以当时称此举为“四分公室”(《左传·昭公五年》)。

十六岁　公元前 536 年，周景王九年，鲁昭公六年，孔子在鲁。

三月，郑国铸刑书。“礼治”衰替，法治渐起。

十七岁　公元前535年，周景王十年，鲁昭公七年。

孔母颜徵在卒，此后不久，季氏宴请士一级贵族，孔子赴宴，被季氏家臣阳虎拒之门外。

十一月，鲁国的执政者季武子卒，平子代立。

十八岁　公元前534年，周景王十一年，鲁昭公八年。

传说孔子身长九尺六寸，被世人称为“长人”。

十九岁　公元前533年，周景王十二年，鲁昭公九年。

孔子娶宋女亓(qí)官氏为妻。

二十岁　公元前532年，周景王十三年。鲁昭公十年，孔子在鲁。

孔子生子，因鲁昭公以鲤鱼赐孔子，所以取名鲤，字伯鱼。

这一年孔子开始任委吏(管仓库的小吏)。

二十一岁　公元前531年，周景王十四年，鲁昭公十一年。

孔子改做乘田吏(管理牛羊畜牧的小吏)。孟子说：“孔子尝为委吏矣，曰：‘会计当而已矣。’尝为乘田矣，曰：‘牛羊茁壮长而已矣。’”(《孟子·万章下》)

二十二岁　公元前530年，周景王十五年，鲁昭公十二年，孔子在鲁。

二十三岁　公元前529年，周景王十六年，鲁昭公十三年，孔子在鲁。

晋会诸侯于平丘，子产、子太叔相郑伯以会。……及盟，子产争承(争取使郑国少贡)，自日中以争，至于昏，晋人许之。孔子认为“子产于是行也，足以为国基矣”(《左传·昭公十三年》)。

二十四岁　公元前528年，周景王十七年，鲁昭公十四年，孔子在鲁。

春，季孙氏家臣南蒯（kuǎi）在费地叛，费人逐之，奔齐。

二十五岁 公元前527年，周景王十八年，鲁昭公十五年，孔子在鲁。

二十六岁 公元前526年，周景王十九年，鲁昭公十六年，孔子在鲁。

二十七岁 公元前525年，周景王二十年，鲁昭公十七年。

郯（tán）子朝鲁，在宴会上，他回答叔孙昭子之问，谈起其祖先少皞（hào）氏的官制。据《左传·昭公十七年》记载："仲尼闻之，见于郯子而学之。既而告人曰：'吾闻之，天子失官，学在四夷，犹信。'"

二十八岁 公元前524年，周景王二十一年，鲁昭公十八年，孔子在鲁。

宋、卫、陈、郑皆有火灾。郑国裨灶认为，如不祭天禳灾，郑国还要再次发生火灾。子产不同意这种意见，认为"天道远，人道迩，非所及也，何以知之？"（《左传·昭公十八年》）这种观点对孔子重人道、轻天道思想的形成有很大影响。

二十九岁 公元前523年，周景王二十二年，鲁昭公十九年。

孔子学琴于师襄子（一说此为鲁昭公十七年事，今从《阙里志》）。襄子曰："吾虽以击磬为官，然能于琴。今子于琴已习，可以益矣。"孔子曰："丘未得其数也。"有间，曰："已习其数，可以益矣。"孔子曰："丘未得其志也。"有间，曰："已习其志，可以益矣。"孔子曰："丘未得其人也。"有间，孔子有所缪（穆）然思焉，有所睾（怡）然高望而远志，曰："丘殆得其为人矣。近黮（dàn）而黑，颀然长，旷（《史记》作"眼"）如望羊，奄有四方，非文王其孰能为

此？”师襄子避席叶拱（《史记》“叶拱”作“再拜”）而对曰：“君子圣人也，其传曰《文王操》。”（《孔子家语·辨乐解》）

三十岁 公元前522年，周景王二十三年，鲁昭公二十年。

孔子自称“三十而立”（《论语·为政》），即从此开始，他已奠定了治学、做人、为政等坚实的学问德业基础。根据《史记》记载，这年前后，他开始创办平民教育，收徒讲学，在最早的弟子中，比较知名的有颜路（颜回的父亲）、曾点（曾参的父亲）、子路等人。

郑国子产卒，仲尼闻之，为之出涕，曰：“古之遗爱也。”（《左传·昭公二十年》）他认为子产有君子之德四焉：“其行己也恭，其事上也敬，其养民也惠，其使民也义。”（《论语·公冶长》）

齐景公与晏婴来鲁。景公问孔子，秦穆公何以能称霸，孔子回答说他善于用人。（《史记·孔子世家》）

三十一岁 公元前521年，周景王二十四年，鲁昭公二十一年，孔子在鲁。

三十二岁 公元前520年，周景王二十五年，鲁昭公二十二年，孔子在鲁。

四月，周景王卒，其子猛立，即周悼王。王子朝联络旧官、百工与灵、景之族造反，杀悼王而自立。晋人攻之，立景王另一子匄（gài），是为周敬王。

三十三岁 公元前519年，周敬王元年，鲁昭公二十三年，孔子在鲁。

三十四岁 公元前518年，周敬王二年，鲁昭公二十四年。

孟僖子将死，嘱其二子孟懿子与南宫敬叔向孔子学礼。孟僖子卒，孟懿子与南宫敬叔拜孔子为师。不久，孔子得到鲁昭公的支持，与南宫敬叔适周都洛阳，观周朝文物制度，拜见了老聃与苌弘，学礼、学乐，收获极大，说："周监于二代（夏、商），郁郁乎文哉！吾从周。"（《论语·八佾》）（此时南宫敬叔仅十二岁，似不可能随同孔子适周。适周之事，时间上可能后些）

三十五岁　公元前517年，周敬王三年，鲁昭公二十五年。

鲁昭公率师攻伐季孙氏，季孙、孟孙、叔孙三家联合反抗昭公，昭公兵败奔齐。孔子因鲁乱带弟子适齐，路经泰山，遇一妇人哭诉亲人被虎咬死仍不愿离开此地时，不由发出"苛政猛于虎"的慨叹（见《礼记·檀弓下》）。到齐国后为高昭子家臣，借以进见齐景公。

三十六岁　公元前516年，周敬王四年，鲁昭公二十六年。

齐景公问政于孔子，孔子对曰："君君，臣臣，父父，子子。"公曰："善哉！信如君不君，臣不臣，父不父，子不子，虽有粟，吾岂能得而食诸！"（《论语·颜渊》）齐景公欲以尼谿之田封孔子，但因晏婴阻挠，没有成功（见《史记·孔子世家》）。

孔子在齐，与齐太师语乐，听到《韶》乐（相传是舜时音乐）三月不知肉味，兴奋地说："不图为乐之至于斯也！"（《论语·述而》）

这一年鲁昭公自齐居郓（郓原为鲁地，此时齐为昭公攻取）。

三十七岁　公元前515年，周敬王五年，鲁昭公二十七年，孔子在齐。

齐大夫扬言欲害孔子，齐景公也对孔子说："吾老矣，弗能用也。"于是孔子自齐返鲁（见《史记·孔子世家》）。据说返鲁时迫于形势险恶，仓促中把正在淘的米未及做饭即提起来一面走路一面滤干。（《孟子·万章下》："孔子之去齐，接淅而行。"）

吴公子季札聘齐，其子死，葬于嬴、博（临近鲁境之齐地）之间，孔子往观其葬礼。（见《礼记·檀弓下》）

吴公子光使专诸刺吴王僚而自立，是为吴王阖闾。

三十八岁 公元前514年，周敬王六年，鲁昭公二十八年，孔子在鲁。

晋魏舒（魏献子）执政，灭祁氏、羊舌氏，分祁氏之田为七县，羊舌氏之田为三县，选派贤能之士（包括其子在内）为县宰。孔子十分赞赏，说魏子之举"近不失亲，远不失举，可谓义矣"（《左传·昭公二十八年》）。鲁昭公至晋，居乾侯（晋邑）。

三十九岁 公元前513年，周敬王七年，鲁昭公二十九年，孔子在鲁。

冬季，晋铸刑鼎，赵鞅、荀寅把范宣子制定的刑书铸在铁鼎上。孔子认为，这样做就会"贵贱无序"，破坏等级制度，不由得发出了"晋其亡乎！失其度矣"的感叹。（《左传·昭公二十九年》）

四十岁 公元前512年，周敬王八年，鲁昭公三十年，孔子在鲁。

孔子自称"四十而不惑"（《论语·为政》），所谓"不惑"盖指"而立"时确立的世界观、人生观已坚定不移。

四十一岁 公元前511年，周敬王九年，鲁昭公三十一年，孔子在鲁。

四十二岁 公元前510年，周敬王十年，鲁昭公三十二年，孔子在鲁。

冬，鲁昭公卒于乾侯。季孙意如立昭公弟公子宋，是为鲁定公。

四十三岁 公元前509年，周敬王十一年，鲁定公元年，孔子在鲁。

夏，昭公灵柩自乾侯归葬鲁，定公即位。

四十四岁 公元前508年，周敬王十二年，鲁定公二年，孔子在鲁。

四十五岁 公元前507年，周敬王十三年，鲁定公三年，孔子在鲁。

邾庄公卒，邾隐公即位，将冠，使人问冠礼于孔子。

四十六岁 公元前506年，周敬王十四年，鲁定公四年，孔子在鲁。

孔子率孔鲤与部分弟子观鲁桓公庙宥坐之欹器，对孔鲤与弟子们说："吾闻宥坐之器者，虚则欹，中则正，满则覆"，"恶有满而不覆者哉！"他认为正确的态度应该是"聪明圣者，守之以愚；功破天下，守之以让；勇力抚世，守之以怯；富有四海，守之以谦：此所谓挹而损之之道也。"（《荀子·宥坐》）

四十七岁 公元前505年，周敬王十五年，鲁定公五年，孔子在鲁。

六月，鲁国季孙意如（季平子）卒，其家臣阳虎囚其子季孙斯（季桓子）而专鲁政。阳虎欲见孔子，孔子不见，于是馈孔子豚，欲待孔子拜谢时见孔子。孔子不想见，打听得阳虎不在时前往拜谢，但不巧在路上二人相遇了。阳虎劝孔子出仕，孔子口头答应，但终不仕（见《论语·阳货》）。退而修《诗》、《书》、《礼》、《乐》，以教弟子。孔子说："不义而富且贵，于我如浮云。"（《论语·述而》）

四十八岁 公元前504年，周敬王十六年，鲁定公六年，孔子在鲁。

四十九岁 公元前503年，周敬王十七年，鲁定公七年，孔子在鲁。

二月，齐将郓、阳关二地归还鲁国，阳虎据为己有。

五十岁 公元前502年，周敬王十八年，鲁定公八年，孔子在鲁。

孔子自谓“五十而知天命”(《论语·为政》)。所谓“知天命”指的是掌握了客观事物的发展规律。

冬，阳虎欲去三桓，谋杀季氏未遂，随入讙(今山东省宁阳县西北)、阳关(今山东泰安市东南)以叛。

公山不狃使人召孔子，孔子欲往，因子路反对而未成行。(见《论语·阳货》)

五十一岁 公元前501年，周敬王十九年，鲁定公九年，孔子在鲁。

六月，鲁伐阳虎，攻打阳关。阳虎突围奔齐，旋逃亡宋国，最后逃至晋国，投赵简子。孔子说：“赵氏其世有乱乎！”(《左传·定公九年》)

孔子任中都(今山东省汶上县西)宰，卓有政绩，治理一方，四方则之。

五十二岁 公元前500年，周敬王二十年，鲁定公十年，孔子在鲁。

孔子由中都宰升小司空，由小司空升大司寇，摄相事。

齐与鲁媾和，鲁定公与齐景公会于夹谷(今山东省莱芜市南)。孔子以大司寇身份为定公相礼。孔子认为“虽有文事，必有武备”，事先做了必要的武事准备。齐欲劫持定公，孔子以礼

斥之。齐君敬畏，遂定盟约，并将侵占的郓、龟阴等地归还鲁国以谢过。（见《榖梁传·定公十年》）

五十三岁 公元前499年，周敬王二十一年，鲁定公十一年，孔子在鲁。

孔子为鲁大司寇，鲁国大治。据《吕氏春秋·乐成》记载，开始尚疑其才，既而政化盛行，国人诵之。（见《孔丛子·陈士义》）

五十四岁 公元前498年，周敬王二十二年，鲁定公十二年，孔子在鲁。

孔子为鲁国大司寇，子路为季氏宰，孔子为了削弱私家以强公室，向鲁定公建议："家不藏甲，邑无百雉之城，今三家（三桓）过制，请皆损之。"（《孔子家语·相鲁》）遂将堕三都。当时，正值叔孙、季孙之家臣侯犯和南蒯各据其都叛，叔、季二氏也支持这一主张，于是先拆毁了叔孙氏的郈邑（今山东省东平县南）和季氏的费邑（今山东省费县）。堕费时，费宰公山不狃乘鲁都（曲阜）空虚，率费人攻曲阜，幸赖孔子命申句须、乐颀二大夫率部反击，败公山不狃于姑蔑（今山东省泗水县东）。公山不狃逃奔齐国。遂堕费。于是再堕孟氏的成邑（今山东省宁阳县东北），却受到孟氏家臣公敛处父的抵制而失败。堕三都至此半途而废（《史记·孔子世家》）。

五十五岁 公元前497年，周敬王二十三年，鲁定公十三年。

鲁国得治，齐国畏惧。齐欲败鲁政，于是便选美女八十人，衣以文衣，并文马二十四驷馈鲁君。季桓子受之。鲁君臣荒于女色，怠于政事，多日不听朝政，也不按礼制送膰肉（当时郊祭用的供肉）给孔子，孔子失望，于是去鲁适卫，开始了十四年访问诸侯列国的活动。

孔子到卫后，居住在卫都帝丘（今河南滑县）子路妻兄颜浊邹家。卫灵公按照孔子在鲁国的待遇给予俸禄。后卫灵公听信谗言，监视孔子，于是孔子便在这一年的十月去卫适陈。在过匡地（今河南省长垣县境）时，匡人误认为孔子为阳虎（因阳虎曾欺压匡人，而孔子的长相又极似阳虎），围困孔子。后经蒲地（也在长垣县城），适逢公叔氏欲起事，又被围困。孔子与蒲人订盟，返回卫都，住在蘧伯玉家。

五十六岁　公元前 496 年，周敬王二十四年，鲁定公十四年，孔子在卫。

孔子回到卫都，曾见卫灵公夫人南子，子路不悦；灵公与南子还让孔子为次乘招摇过市。

五十七岁　公元前 495 年，周敬王二十五年，鲁定公十五年，孔子在卫。

邾子朝鲁，子贡观礼。鲁定公卒，其子蒋立，是为鲁哀公。

五十八岁　公元前 494 年，周敬王二十六年，鲁哀公元年，孔子在卫。

五十九岁　公元前 493 年，周敬王二十七年，鲁哀公二年，孔子在卫。

孔子见卫灵公不能用他，喟然叹曰："苟有用我者，期月而行，三年有成。"卫灵公问陈于孔子，孔子说："俎豆之事则尝闻之，军旅之事未之学也。"（《史记·孔子世家》）由此，决计离卫西去，投奔晋国赵简子。走到黄河边，听说赵简子杀害了两个贤人，不由得临河而叹，返回卫国，然后去卫如曹适宋。

在适宋的路途上，曾与弟子习礼于大树之下，宋司马桓魋欲害孔子，派人把大树砍倒了。孔子微服而行，逃到郑国，郑国也没有接待他，只好取道适陈。

夏，卫灵公卒，立蒯聩之子辄，是为卫出公。

六十岁 公元前492年，周敬王二十八年，鲁哀公三年，孔子在陈。

这年秋，鲁国季桓子病，后悔过去未能长期用孔子而影响了鲁国的振兴。临死之前，嘱其子季康子要召回孔子以相鲁。后来由于公之鱼的阻拦，季康子改变了主意，派使改召孔子弟子冉求。冉求将行，孔子说："鲁人召求，非小用之，将大用也。"(《史记·孔子世家》)这一年，孔子已经六十岁了，他很想回到家乡，为鲁国贡献自己的力量。

孔子曾说："六十而耳顺。"意思是说这时他听到任何事情，都能立即辨明是非。

六十一岁 公元前491年，周敬王二十九年，鲁哀公四年，孔子在陈。

六十二岁 公元前490年，周敬王三十年，鲁哀公五年，孔子在陈。(这里只注明孔子以卫、陈为居处地的大概年份。)

六十三岁 公元前489年，周敬王三十一年，鲁哀公六年，孔子在陈。

这年吴伐陈，楚来救，陈国大乱。孔子离陈过蔡地去负函(楚地，今河南信阳，楚有贤大夫沈诸梁即叶公驻此)，在陈蔡间被困.绝粮七日，弟子饥馁皆病，孔子依然讲诵，弦歌不止。子路等由于屡遭挫折，对孔子之道产生了怀疑，只有颜回认识到孔子道大，不为当时所容，"是有国者之丑"。孔子为有颜回这样的弟子感到高兴。(《史记·孔子世家》)

孔子在路上接连遇到当时的一些隐士（如长沮、桀溺、荷蓧丈人和楚狂接舆等）的嘲讽，桀溺劝子路跟他们一道做避世之人。孔子说："鸟兽不可与同居，吾非斯人之徒而谁与？天下有道，丘不与易也。"（《论语·微子》）表示了改变天下无道局面的决心。

孔子到了负函，与叶公见面，叶公问政，孔子说："近得说（悦），远者来。"（要使境内的人都喜悦，使境外的人都向往而来）。叶公通过子路问起孔子是怎样的一个人物，子路不知如何回答。孔子说："女奚不曰：'其为人也，发愤忘食，乐以忘忧，不知老之将至云尔。'"（《论语·述而》）

楚昭王欲重用孔子，使使奉币来聘，将以书社地七百里封孔子，由于楚令尹子西的阻拦，此议遂止。孔子在楚讲学，向当时比较落后的长江中下游地区传播了中原文化。

六十四岁　公元前488年，周敬王三十二年，鲁哀公七年，孔子在卫。

孔门弟子多仕于卫，要求孔子返卫，孔子便返回卫国。子路问孔子："卫君待子而为政，子将奚先？"孔子回答说："必也正名乎！……名不正，则言不顺；言不顺，则事不成；事不成，则礼乐不兴；礼乐不兴，则刑罚不中；刑罚不中，则民无所错手足。"（《论语·子路》）

夏，鲁哀公与吴人会于鄫（今山东省峄县境内），吴向鲁索取牛、羊、猪各一百头为祭品。吴太宰召季康子，季康子使子贡辞谢，子贡以周礼说服了伯嚭，维护了鲁国和季康子的尊严。

六十五岁　公元前487年，周敬王三十三年，鲁哀公八年，孔子在卫。

三月，吴伐鲁，吴大败，孔子弟子有若参战有功。

六十六岁　公元前486年，周敬王三十四年，鲁哀公九年，孔子在卫。

六十七岁　公元前485年，周敬王三十五年，鲁哀公十年，孔子在卫。

孔子夫人亓官氏卒。

六十八岁　公元前484年，周敬王三十六年，鲁哀公十一年，孔子在鲁。

春，齐师伐鲁，孔子弟子冉求为季氏将左师，与齐军战于鲁郊，克之。季康子问他是怎样学会作战的，冉求说，学于孔子，遂荐孔子于季氏。季康子派公华、公宾、公林以币而迎孔子归鲁。至此，孔子结束了访问列国诸侯十四年颠沛流离的生活。

孔子返鲁后，鲁哀公问政，孔子曰："政在选臣。"(《史记·孔子世家》)又问："何为则民服？"孔子回答说："举直错诸枉，则民服；举枉错诸直，则民不服。"(《论语·为政》)季康子问政，孔子说："政者，正也。子帅以正，孰敢不正？"(《论语·颜渊》)季康子欲行"田赋"，即将军费改按田亩征税，使冉求问孔子，孔子曰："若不度于礼，而贪冒无厌，则虽以田赋，将又不足。"季氏不听。(《左传·哀公十一年》)

鲁终不能用孔子，孔子亦不求仕，专心从事文献整理和教育事业，删《诗》《书》，定《礼》《乐》，修《春秋》，并继续聚徒授业，培育治国贤才，"弟子盖三千焉，身通六艺者七十有二人"(《史记·孔子世家》)。

六十九岁　公元前483年，周敬王三十七年，鲁哀公十二年，孔子在鲁。

春，鲁实行田赋。

夏，鲁昭公夫人孟子卒，孔子往吊。

与鲁太师（乐官）论乐，孔子说："乐其可知也，始作翕如（热烈），纵之纯如（和谐），皦如（清晰），绎如（络绎不绝）也，以成。"孔子又说："吾自卫反鲁，然后乐正，《雅》《颂》各得其所。"（《史记·孔子世家》）

冬十二月（周历十二月相当于夏历十月），鲁国发生蝗灾，季孙问于孔子，孔子说："丘闻之，火伏而后蛰者毕，今火犹西流，司历过也。"（《左传·哀公十二年》）十二月属冬季，不该有蝗虫。孔子认为这年十二月有蝗虫，不是自然界反常，而是司历者算错了时间。

孔子之子伯鱼卒。

七十岁　公元前482年，周敬王三十八年，鲁哀公十三年，孔子在鲁。

孔子曾说，"七十而从心所欲，不逾矩。"（《论语·为政》）也就是说，到了七十岁，任何想法和做法都不会越出仁道原则和周礼所定的规矩了。孔子晚而喜《易》，"读《易》，韦编三绝"（《史记·孔子世家》）。

七十一岁　公元前481年，周敬王三十九年，鲁哀公十四年。孔子在鲁。

作《春秋》。

春，管山林的人（"虞人"）在曲阜西边的大野打猎，捕获一只怪兽，据说是麟，孔子说："吾道穷矣！"于是绝笔，停止了修《春秋》。

颜回死，时年四十一岁，孔子哭之恸，曰："噫！天丧予！天

丧予！”(《论语·先进》)

六月，齐国的陈恒(又叫田成子)杀死齐简公，孔子劝鲁哀公及“三桓”讨之，以正君臣之义，毫无结果。在齐国的这次政变中，孔子弟子宰予死于难。

七十二岁 公元前480年，周敬王四十年，鲁哀公十五年，孔子在鲁。

冬，卫有政变，蒯聩逐其子出公而自立，是为卫庄公。孔子弟子子路此时为卫大夫孔悝的邑宰，死于难，孔子恸甚。

七十三岁 公元前479年，周敬王四十一年，鲁哀公十六年。

周历四月十一日(即夏历二月十一日)孔子寝疾七日而殁，葬于鲁城(今曲阜)北泗上。鲁哀公诔(lěi)之曰：“旻(mín)天不吊，不憖(yìn)遗一老，俾屏余一人以在位，茕茕余在疚，呜呼哀哉！尼父！毋自律。”(《左传·哀公十六年》)不少弟子为之守墓三年，临别而去，哭尽哀，或复留。唯子贡庐于墓凡六年，然后离去。弟子及鲁人往从墓而家者百有余室，因名孔里。并把孔子故居改为庙堂，藏孔子平生衣冠琴书于堂中。自此以后，年年奉祀。今曲阜之孔庙、孔府、孔林，所谓“三孔”者，即始创于此。